Ръководство за Чисто Знание

Ръководство за Чисто Знание

Aldivan Torres

aldivan teixeira torres

CONTENTS

1 | "Ръководство за Чисто Знание"   1

1

"Ръководство за Чисто Знание"

Aldivan Torres

Ръководство за чисто знание

Автор: Aldivan Torres
©2018- Aldivan Torres
Всички права запазени

Тази книга, включително всички части от нея, е защитена с авторски права и не може да бъде възпроизвеждана без разрешението на автора, препродадена или прехвърлена.

Алдиван Торес, Пророк, е утвърден писател в няколко жанра. Към днешна дата заглавията са публикувани на девет езика. От ранна възраст той винаги е бил любител на изкуството на писането, като е консолидирал професионална кариера през втората половина на 2013 г. Той се надява с писанията си да допринесе за бразилската култура, събуждайки удоволствието от четенето в тези, които все още нямат навик. Неговата мисия е да спечели сърцата на всеки от своите читатели. В допълнение към литературата, основните му вкусове са музика, пътуване, приятели, семейство и удоволствието от живота. "За литературата, равенството, братството, справедливостта, достойнството и честта на човешкото същество винаги" е неговото мото.

"Ръководство за Чисто Знание"

Ръководство за чисто знание

Трудното време и възкресението

Гарантът

Бедните и богатите

Какво да търсите

Стойността на знанието

Денят на гибелта

Бъдещето на праведните

Не бъркайте нещата

Те лъжат

Уважавайте границите си

Стрелките на изстрела

Спазвайте обещанията си
Не се забърквайте в неприятности
Поклонниците
Където и да си, аз ще бъда с теб.
Никакво разделяне не е окончателно
Какво търся
Аз съм град, затворен със стени
Честта на човека и на Бога
Несправедливото проклятие
Не се забърквайте в неприятности
Не си играйте с това, което не знаете
Обичаш ли ме?
С целувка ме предаде
Не се оплаквайте от сегашната ситуация
Ценете корените си
Кой е съседът ми?
Разбиването на чистото сърце
Как можеш да ме намериш?
Преглед на живота
Хранете се с плодовете на работата си
Бъди смел като лъв
Моето царство
Никога няма да те изоставя
Аз съм собственик на цялата власт и мъдрост.
Божият закон
Молитвата, която искам
Горко на нечестивите
Ще ти дам всичко
Бъдете реалистични и прости

интерес
Теглото на греха
Определете себе си
Жива реалност
Лесни пари
Конструктивна критика
Родителите са свещени
Разпознаване на нуждаещите се
Избягвайте сексуалното мерзост
Бъдете твърди
Контрол на противоположните сили
Потисникът и потиснатите
Моята увереност идва от Бога.
Господи, аз съм малък
Дарението и необвързаността имат лимит
Пътят на орела в небето
Пътят на змиите по скалите
Пътят на кораба в морето
Пътят на един мъж с младо момиче
Искам най-доброто за вас
Социалното неравенство в света
Само праведните ще останат
Ще ви дам дара на вечността
Презрението
Не искам да заемам ничие място
Моите апостолски мравки
Плъхове и скали
Аз съм цар на царете и господар на лордовете.
Послание за тези, които използват окултните изкуства

РЪКОВОДСТВО ЗА ЧИСТО ЗНАНИЕ

Моята ме познава
Аз съм лъвът на Давид.
Съвет на майката към краля
Взаимоотношенията
Не се притеснявайте за суетни неща
Щастието идва от Бога
Ефрейторската смърт е краят на всички
Помислете за вечното царство
Неограничената конкуренция
Единството е сила
Не се заселвайте
Спазват
Загуба на богатство
Мъдър съвет
Останете сериозни
Изправени пред невъзможното, не се обезсърчавайте.
Кой ще избера?
Разделяне на нещата
Бъдещето
Златните правила
Не богохулствайте
Къде е моето щастие?
Аз съм непостижим
Значението на живота
Аз съм змийският чар
Потисничество над човека и божествена милост
Божествено спасение, когато най-малко се очаква
Отвращавайте се от пропуска
Божественото обещание

Знайте как да различите
Моята мисия
От тъмният бездна на мрака се обадих на сина си
Доверете ми се повече
Вредители от Египет
Унищожителят
Израел като пример за света
Ще вървя с вас до края на света.
Съботният ден
Аз съм жива вода и храна
вдигнати ръце
Заповедите
Не искам човешка кръв
Ще се опозная
Казвам се справедливост
Истинският акт на щедрост
Жертвата за грях
Какво е нечисто?
Въпросът за болестта
Ритуални формалности
Въпроси, свързани със секса
Направете всичко в правилната мярка
Въпросът за хомосексуалността
Тези в мрака
Да живееш в продължаваща благотворителност
Отнасяйте се към другите, както очаквате да бъдете третирани
Безусловна връзка
Обещавам подкрепата си

Праведните ще владеят земята.

Никога няма да те изоставя

Практикувайте прошка

Равни права

Обичам те

Увереността води до победа

Избрах те

Ето, моето спасение ще бъде изпълнено

Истинското наследство

Сериозността на обещанията

Не искам повече войни

Опасността от изображения

Внимавай

Търся добрия и верен човек.

Аз съм Бог

Няма средно положение

Въпросът за послушанието

Ето и пътят на спасението

Не забравяйте произхода си

Бъдете пример

Уважавайте свободата и вярата на всеки един

Помогнете на бедните

Не се присъединявайте към лошите момчета

Действайте положително

Ето, аз съм сред вас

Зачитане на правата на другите

Опасността от езика

Специално съобщение

Пред лицето на греха просто плача

Любовта трябва да се живее пълноценно

Бъдете внимателни

Уважавайте стоките на другите

Основни права

Правото да бъдеш щастлив

Практикуване на правосъдие

Право на земя

Почитайте паметта

Не наранявайте другия

Равенство, свобода и братство

Знайте как да бъдете благодарни

Бъдете верни

Наградите

Любовта ми е по-голяма от всичко

Не се притеснявайте за непонятното

Обкръжете сърцето си

Нарушаване на доверието

Нещата, които се отвращавам

Кой ме обича?

Аз съм източник на живот

Не вярвайте в шарлатаните

Не се отчуждава чрез религията

Аз не съм Бог на войните

Бъдете рационални

Духът на единството

Отмъщението

Стойността на опита

Проявявам се в смирение

Интригата

Опасността от власт
Опасността на коварния партньор
Изберете правилния човек
Примерът на свещеничеството
Божият проект
Бог е суверен
Ще те накарам да триумфираш
Не всички адове могат да ме победят.
Любов
Кой обича да защитава и да се грижи?
Възможно ли е да се възстанови?
Мисията на човека
Никой не лъже Бога
Как да действам?
Сигнал
Кой съм аз?
Писмо до сина ми
Състрадателен бог
Начинът да действаме, който Бог иска
Човешка кръв
Двете проститутки и случаят със спора на момчето
Храм за мен
Въпросът за жертвоприношенията на животните
Няма никой като мен
Обещание
Имате стойност
Къде е вярата?
Молитва на справедливостта
От Египет се обадих на сина си

Едно обяснение
Войните
Все още вярвам
Имайте вяра
Дребнавостта на човека
Не се поддавайте на злобата на врага
Лъвът на Давид
Панаирът не изопачава
Кажете "не" на идолопоклонството
Бог ще осигури
Малко светлина по време на тъмнината
Човекът жъне точно това, което е посял
Консултации със зли духове
Паметта ми ще остане завинаги
Семейна стойност
Ще преобразя живота ти
Чудото
Здравето
Възползвайте се от Господа
Съдба
Убиецът
Към управниците
Любовта може да се превърне в
Потомството на Христос
Търсете истинско щастие
Вярвате ли?
Искам да се моля за теб
Не бъдете несправедливи
Истинският закон

Въпросът за жертвоприношенията
Винаги ме помни

Трудното време и възкресението

Изправен пред неблагоприятни условия, животът му придобива все по-трудни контури. Той не е в състояние да учи или работи, възниква вътрешна криза и приятелите му го изоставят. Той навлезе в дълбока депресия и всичко заговорничи за пълния му провал.

Близо до дъното на кладенеца се случило чудо, а след това било спасено. От този момент нататък имаше забележителна промяна в нагласите му. Изпълнен с надежда и оптимист за бъдещето, работете изключително върху действието на Светия Дух. Това е пример, който демонстрира в трудни времена, че Бог може да бъде "наш водач и сила". Достатъчно е да вярваме и искрено да се покаем.

Гарантът

Карин Фейтоса беше млада жена на 30 години, блондинка, къса, с тонизирани крака и ръце, твърдо и сигурно лице. Тя е сама, живее с родителите си и е служител на държавна банка в Ривера, Уругвай. Тя може да се определи като: внимателен, професионален, щедър, грижовен, любящ и с прекомерно доверие свързва хората. Тази последна характеристика е причината за нейното падение.

Веднъж един нея роднина поискал заем в банката, където работила. Тъй като тя нямаше гаранции, служителят предложи да бъде гарант, така че парите да могат да бъдат освободени. Човекът не е платил и тя е отговорна за дълга. Въпреки разочарованието и омразата си към индивида, това послужи като пример за нея да научи голям урок: Не се доверявайте дори на хора, близки до вас по финансови въпроси. Ако искате и когато мога, ще даря на нуждаещи се хора, но при никакви обстоятелства това няма да бъде по-гарант.

Бедните и богатите

В едно далечно царство е имало човек, който през целия си живот се е ангажирал да работи в търсене на богатство и лично удовлетворение. Без свободно време той презираше приятелите си и Бога. За него това е по-важно от това да бъде. Въпреки това, когато се заразил със сериозно заболяване и прекарал всичките си притежания, за да получи лечение, той открил, че всичките му усилия са напразни? Всичко тук, на земята, то е временно.

В същото царство имаше беден човек, но посветен на молитвата, семейството, помагайки на ближния си и щедър. Той никога не е имал богатство в живота си, но когато се е посветил на доброто, той осъзнава, че това е най-голямото му богатство. Когато умира, той оставя наследство и важни ценности, които да бъдат увековечени от техните потомци, "небето" се постига само чрез добри дела, а не чрез тяхната покупателна способност.

Какво да търсите

Търсете мъдрост, работа, интелигентност, страх и благоволение на Бога, култови добри ценности като: достойнство, братство и разбиране. Презирайте злото, егоизма, лъжата, гордостта, хитростта и амбицията. Всичко, което искате от Бог, ще ви даде за заслуги своевременно. Търсете първо царството си, че всичко ще бъде добавено към него.

Стойността на знанието

Знанието е по-ценно от силата и влиянието, който е умел в изкуството си, е гарантирано произведение навсякъде. Ценете потенциала си и достойно кариерата си. С Божието благословение ще пожънете наградите.

Денят на гибелта

Ето, равносметката ще дойде, защото глупавите се наричат ден на позора и за праведните ден на спасението. Ще изплатя всеки според делата им на земята. Моите ангели ще ги разделят на плява, пшеница и справедливост ще бъде направено Така че се погрижете за сегашното напрежение и покаяние. Аз съм вашият любящ баща и мога да ви простя чрез искрено и всеотдайно разкаяние. Милостта ми е непостижима.

Действайте според моите заповеди: Бойте се от Бога, стремете се да действате според очакваното от него поведение. Освободете затворниците, утешавайте болните, помагайте на нуждаещите се, съветвайте отчаяните, разпознавайте грешката си и променяйте отношението си, покажете любовта и разбирането си на ближния си. Въпреки това, правете добро с необвързаността и без скрити мотиви.

Бъдещето на праведните

Аз съм вашият истински баща, Бог на невъзможното всезнаещо, вездесъщото и всемогъщо. Тези, които следват пътя ми, следвайки заповедите ми, ще имат моята помощ във всички етапи на живота. Това не означава, че те ще имат лесен живот. В този момент те ще усетят моята защита и любовта ми по-присъстващи, защото справедливият може дори да падне, но те винаги ще се издигнат отново чрез моята сила. Глупакът не знае моя закон или моята воля и когато паднат, те отиват направо на дъното на кладенеца. Така че, ако има искрено покаяние, ще мога да ги чуя и да ги спася, защото Аз съм Бог, бащата на всички. Не искам да ме мамя, ще бъде по-лошо.

Не бъркайте нещата

Хорасио е справедлив съдия в района на Буенос Айрес, Аржентина. Винаги прав, той съди за всеки отделен случай според суверенния закон на страната си. Като се имат предвид фактите и доказателствата, които свидетелстват срещу обвиняемия, той използва влиянието си, за да игнорира това и да успее да го оправдае. За това всичко, което е направил точно преди това, е било забравено и той ще трябва да понесе последствията от действията си.

Никога не пропускайте да бъдете честни или правилни, тъй като последствията могат да бъдат катастрофални.

Те лъжат

Ето, срещу мен се издигнаха лъжливи свидетели и ме обвиниха без причина. Те ме притиснаха, когато бях уязвима, арестуваха ме, доведоха ме в съда и тъй като не можеха да докажат нищо срещу мен, ме оставиха на милостта на тълпа, която не ме познаваха. Да, те не ме познаваха, защото ме съдеха и осъждаха, тъй като бях невинен. Те предпочетоха престъпник пред мен и подписаха присъдата му. Аз съм дървото на живота; Имам могъщ клон, който се простира до небето. Аз съм истината, пътят и животът. Върнах се в къщата си за известно време, защото вече бях изпълнил мисията си, посланието си. Сега се върнах и те намерих по-зле от теб. Ще ме отхвърлиш ли отново? Аз съм малко парче от Бога, което е достойно да се спусне от небето заради вас, любов, която крехкият ви ум не може да мащабира. Вашата цел е да облекчите студените сърца на така наречените човешки хора чрез моите думи. Така да бъде.

Уважавайте границите си

С течение на времето човечеството напредва, достигайки напреднали технологии във всички човешки сегменти. Човек започва да мисли мащабно, че е самодостатъчен и че вече не се нуждае от моята подкрепа и благодат. Това е мястото, където се крие опасността. Необходимо е да се разделят нещата: Как е това, че глиненият съд, който формовах с ръцете си и го проникнах с дух, се осмели да се сравни с мен? Аз съм Бог, началото, средата и краят на всички неща. Аз съм върховен в цялата вселена и няма никой като мен. От човека зависи да изпълни мисията, възложена от самото начало и със смирение, дара на живота и моите благоволение. Човекът не е Бог и дните му са преброени!

Стрелките на изстрела

Думата, която боли, хвърля стрела, предателство, проклятие, разлято мляко, са непоправими факти, които не могат да бъдат върнати. С добър психологически контрол е възможно да се преодолеят и да се определят нови преживявания.

Спазвайте обещанията си

Няма нищо по-лошо за човека от нечестността и репутацията на лошия изпълнител. Ако сте обещали нещо, което не закъснява, защото ако не сте верни в малките неща, представете си в големите?

Не се забърквайте в неприятности

Истината трябва да се практикува, защото освобождава човешкото същество от всеки грях. Въпреки това, когато тази истина излага на риск човешката цялост, мълчанието е по-добро. Не се доверявайте твърде много на човешката справедливост, защото ще останете разочаровани.

Що се отнася до нещата на моето царство, аз изисквам пълното откъсване и смелостта, необходими за изправяне пред великите по света. Аз съм истината и самият живот и го давам на когото искам.

Поклонниците

Ето, на небето имаше среща между висшите архангели. Те спореха за момент и беше решено, че трима от тях (Рафаел, Уриел и Габриел) ще бъдат изпратени на земята, за да тестват съвременното човечество. Целта е да се докаже или не устойчивостта човешки.

Това беше направено. Те обикаляха градове, градове, цели провинции, маскирани като просяци, които искат нещо за ядене и пиене и в отговор винаги получаваха крещящо не. Освен когато посещават къщата на Мартин, разположена във врата езерце, отдалечен регион от селския район на Зелена арка. Собственик на проста къща, изработена от натъпкана земя и покрита с дърво и плочки, домакинът ги получи много добре, споделяйки с него три хляба, разделени на пропорционално пропорционални парчета. Им даде храна, за да утоли желанието си за храна, той също им даде вода от столовата си. В края на малкия празник ангелите го благословиха и тръгнаха към небесното царство. Заради този прост човек светът е бил спасен от унищожение и надеждата ще остане между хората.

"Ако някой е гладен, дайте му нещо за ядене; Ако е жаден, дайте му нещо за пиене.

Където и да си, аз ще бъда с теб.

Аз съм Бог, Всемогъщият, Който ви е създал за успех. Промените са необходими в този свят и затова не се страхувайте. Където и да сте, аз ще бъда с вас, защитавайки ви от всичко, което може да ви навреди. "Въпреки че ходя в тъмният долина на смъртта, няма да се страхувам от вреда, защото вие сте с мен."

Останете там, където се чувствате добре. Опитайте се да се придружите с добри хора, да избягате от фалшификатите и насилствените. Акушираните хора имат много да преподават и да се учат от вас. Това е законът на света: Търсете опит за непрекъсната еволюция. Целта е да се постигне небесното царство оправдано. Така да бъде.

Никакво разделяне не е окончателно

Хората влизат и напускат живота ни и това е в рамките на нормалния диапазон. Когато те са важни за нас, има болка и копнеж. Как да живеем с това?

Трябва да разберем, че нищо не е окончателно на този свят. Физическото разделяне води до последствия.

Не е невъзможно обаче да поддържате връзка. Днес имаме интернет с целия му технологичен апарат, който обединява хората. На важни дати можете да организирате да се срещнете лично. Нищо не е невъзможно, ще дойде денят, когато дори камъните се срещнат.

Какво търся

Търся човека с добра същност и покаял се грешник. Бог Отец достоен да даде на човечеството още един шанс чрез идването ми на земята. Бъди добър като баща ми и аз.

Практикувайте любовта преди всичко, единството, сътрудничеството, солидарността, разбирането, толерантността, равенството, зачитането на суверенитета и йерархията. Практикувайте смирение, простота, достойнство, честност, чистота, справедливост, законност, накрая, не се отклонявайте нито надясно, нито наляво. Ние имаме това продължение на този гарантиран мир на небето. Вярвайте, че всичко може да бъде по-добро и като инструмент за добро, в допълнение към осигуряването на напредъка на вашата планета, ще събирате ценни блага на небето, които ще бъдат възнаградени своевременно.

Аз съм град, затворен със стени

Аз съм Божият син, затворен град с мощни стени, които врагът не може да свали. Ако сте в някаква опасност, аз ще бъда готов да отворя портите на моя град, за да ви предпази от бурите на живота. Ще намерите щастие, което никога не сте си представяли.

Дискретността, предпазните мерки и тайната са от основно значение в отношенията ни с бащата, защото светът е заразен с свирепи вълци, способни да убиват заради фалшивия си морал и куцащата си религия. Можете да стигнете до царството на баща ми. Аз не съм единственият, защото Бог се проявява по различни начини в съществуващите измерения. Така че не се притеснявайте, ако не сте против нас, вие сте за нас. Господ ще наводни душата ви по такъв начин, че животът ви вече няма да бъде същият. Едно ново създание ще изглежда изпълнено с надежда, смелост, вяра и с голяма способност да обича баща ми, мен и към следващия. Амин!

Честта на човека и на Бога

Честта и достойнството на човека се крият в изпълнението на неговата мисия, определена от бащата, в работата му, в социалните му произведения, в семейните отношения, в свободното време и в отношенията му със себе си. Това са заповеди и божествени закони.

Божията чест е да прилага суверенната си воля в цялата вселена, координирайки се в най-малките детайли. Той оживява създанията си по такъв начин, че съдбата, спасена за всяко от неговите същества, да бъде изпълнена въпреки свободната им воля. Поговорката: "Нито едно листо не пада от дърветата без съгласието на Бога."

Несправедливото проклятие

Не се страхувайте от злото или от проклятието на неправедните, защото на негова страна има някой по-голям от тях: Бог, Всемогъщият Бог. Ще изпратя ангелите Се да ви напътстват по пътищата на камъка, огъня и тъмнината. Нищо не е невъзможно за тези, които вярват в мен и децата ми.

Ще ви благославя от поколение на поколение, в продължение на дни без край, ако останете до мен. Обещавам, че винаги ще ви помагам, в добро и лошо. Въпреки това, ако съгрешите, ще имате същата съдба като несправедливото, на място на болка и смърт. Аз също съм безкрайна справедливост, прошка и милост. Вие избирате как да се отнасям към вас чрез вашите произведения.

Не се забърквайте в неприятности

Когато ставате свидетели на битки между съпрузи или членове на семейството, най-добре е да не се намесвате, тъй като ще получите ненужни интриги. Веднъж или отново, те ще се съберат отново и злодеят ще бъде оставен за вас. Предпазливостта е основна добродетел.

Не си играйте с това, което не знаете

"Аз съм Бог, Аз съм Богът, Който ви е освободил от робството на греха чрез децата ми. Искам уважение, любов, всеотдайност и вяра. Ще получите това, което заслужавате за действията си на земята, нито повече, нито по-малко. Аз съм в добротата на човешката душа и във вярата на малките.

Обичаш ли ме?

Елементарно е да знаеш дали ме обичаш или не. Ако сте благотворителни, любящи, щедри, помагате на болните, давате добри съвети, практикувате уважение и толерантност, ако се страхувате от Бога и правите добро по всякакъв начин, мога да заключа кой наистина ме обича. Сега, ако сте насилствени, крадете, убивате, умът, презирате съветника, сте корумпирани и неверни, ще ви откажа пред събранието и ще бъдете хвърлени в огненото езеро и камъка, защото аз правя разделението между доброто и лошото. Искам разстояние от злото, търся хубави и уважавани хора.

С целувка ме предаде

Истинските приятели се показват в ежедневните действия. Не всеки, който ме нарича Господ, ще влезе в рая, а този, който върши волята на баща ми. Това не е прегръдка или целувка, която ще докаже верността му, защото с целувка бях предаден. По-добре е честен шамар и искрено желание за промяна. Анализирайте съвестта си и проверете дали истинското приятелство наистина подкрепя думата ви.

Не се оплаквайте от сегашната ситуация

Егоизъм и алчност слепи хора. Мнозина вече имат стоки, пари, влияние, но никога не се уморяват да търсят повече богатство в безкрайна раса. Защото не помагате на сираците, скитниците и просяците? Знайте, че никое материално благо няма да спаси душата ви от проклятие, аз измервам човешкото сърце чрез социални дела. Вместо да търсите пари, първо потърсете моето царство, служейки на следващото чрез неговите възможности.

Помолете ме за успех, здраве, любов и щастие, защото това е нещото, което наистина има значение. Когато умрете, няма да вземете колата си, парите си или красивата си къща, ще вземете ценностите си със себе си. Какво добро е човекът, който печели света и губи душата си? Само всеки, който поне за миг е отпочинал от умората си, заслужава вечна почивка. Помислете за това, докато все още има време.

Ценете корените си

Произходът характеризира човека. Независимо къде се намира, дори и да спечели света, той трябва да остане верен на своите вярвания, ценности и семейство. Това е основата за всяко човешко същество.

Да останеш верен на Бога е ключов момент за постигане на успех. Без Бог ние сме нищо, с Бога можем да направим всичко. Силата се разкрива в нашата човечност и слабост.

Вземете моя пример: Аз съм Божият син и дори когато слязох от небето, не забравих божествения си произход.

Написано е и аз приех унижението към простия човек за любовта на човечеството, която създадох заедно с баща си. Това е необходимо, за да научат божествените догми. Писна ми от човешката злоба и несправедливост, които вредят на верните ми. Ще използвам ценното си време, за да ги увещавам и да ги насочвам към моето царство. Това е моята мисия на земята.

Кой е съседът ми?

Това е въпросът, който мнозина си задават, когато искат да анализират някакво действие. Вашите съседи са вашите родители, роднини, съседи, колеги от училище и работа, приятели, просяк на улицата, политиците, сираците, инвалидите, невежите, враговете, вашата религиозна и расова група, вашият партньор, гадже или любовник, вашият шеф или служител, накратко, цялото човечество в нужда.

Всеки от тях има своята мисия тук на земята, но общият, който обхваща съвкупността, е да допринесе за благосъстоянието на брат ви и да си сътрудничи в прогреса на човечеството към гърдите на баща ми. Повторете тази молитва с мен: Баща ми създател, моля ви за вдъхновението, необходимо за практикуването на доброто по всякакъв начин. Позволете ми да погледна съседа ми да бъде милосърдна по такъв начин, че да не подкрепям страданията им и да действам, за да им помогна. Бъди приятел и баща за всички времена и ситуации, освобождавайки материалната алчност и издигайки духа си към красивото. Моля за вашата всемогъща помощ в тази работа и във всички останали. Че между вас и мен няма тайни, които да могат да ме използват за вашите цели, както желаете и позволявате.

Разбиването на чистото сърце

Наивността е цвете, което не остава на този свят. Животът ни учи чрез преживявания, които носят болка и страдание, на които не трябва да се доверяваме на никого. Имаме по-ясна и по-реалистична представа за нещата. Това наистина е добра печалба за нашия социален, религиозен и семеен живот.

Баща ми го познава напълно. Пазете изобретателността и вярата си за това, което той наистина заслужава. Бъдете твърд, спътник и приятел на хората, но не им давайте правото да го наранят отново. Вървим напред с надежди.

Искрено се надявам, че ще намерите пътя си в мир. Първо, искам да ви кажа, че ви обичам и вярвам във вас, независимо от това, което съм направил или ще направя. Нарича се безусловна любов. Аз не съм нищо без теб, скъпи читатели.

Как можеш да ме намериш?

Тук говоря с вас от мое име, за баща ми и брат ми Исус. Може би никога не сме се срещали в моя пасаж тук на земята, но казвам, че ви познавам. Винаги съм с вас духовно: аз съм вътрешният глас на съвестта ви, който ви съветва и ви насочва да разбирате трудностите и притесненията си, искам най-доброто от вас.

Аз съм финият бриз, който успокоява топлината ви, аз съм помощната ръка, която достига до трудности, влизам в мечтите ви, за да ви предупредя за вашето бъдеще. Аз съм навсякъде чрез действието на духа на баща ми, ние сме взаимосвързани. Без да навлиза в подробности, волята му, и моята съвпадат и общуват. Искам да кажа, че няма да се откажа от вашата кауза, ще се боря докрай, за да отворят очите ви и да разпознаят славата ми. Трябва да помагаш на другите интензивно като мен и любовта е най-добрият подарък, има. Вярвайте в мен, че мога напълно да преобразя живота ви. Аз съм това, което трябва да чакам възможност да вляза в живота ви. И така, приемаш ли ме? Какъв е вашият отговор?

Преглед на живота

Спрете в този момент. Помислете малко за себе си и живота си. Как е? Все още ли сте в съвестта си? Вашият мащаб преобръщане ли е за добро или за зло? Вярвайте в способността си да се развивате като човешко същество във всички аспекти. Каквато и да е трудността ви, ще мога да ви помогна по някакъв начин и да ви доведа до успех. Имайте вяра.

Хранете се с плодовете на работата си

Опитайте се да извършите работата си, която ви

дава материално оцеляване. Достойно е човек да яде от усилията си. Не приемайте милостиня, освен ако наистина не е необходимо. Винаги търсете изход от финансовите си проблеми, не е разумно да вземате заеми, защото кредиторите ви ще таксуват два пъти повече, отколкото са заемали. Бъдете внимателни с договорите и сделките, бъдете внимателни.

Бъди смел като лъв

Търся верен, уверен и безстрашен като лъв. Не се страхувайте, защото аз съм вашият Бог, Който ви е взел от човешкото робство и грях. Аз съм Бог и няма друг като мен. С моя помощ със сигурност ще преодолеете всички препятствия и ще станете победител за славата на моето име и на децата ми. Трябва обаче да има отказ от нещата на света и материализъм, които не водят до нищо.

Моето царство

Призовавам ви да участвате в моето духовно измерение с баща ми. Може да се запитате, но кое царство е това? От какво се състои тя? Това е царство с равенство, братство, сътрудничество, мир, толерантност, взаимодействие и преди всичко подчертава любовта между съществата. Той е духовният син на Бога, някой, който винаги е съществувал и носи собствената си божествена същност. Той е преживял много въплъщения на планети по цялата галактики, има еднаква власт на Исус и Бог. Просто защото няма разлика между тях, волята им съвпада. Духът е равен и на трите и във всички добри същества. Сигурен съм, че Бог е легион.

За всички, които са съгласни да го последват, Божественото се ангажира да се бори за каузите си с баща си. Дайте шанс на щастието му, дайте душата му на сина си и тогава невъзможното може да бъде постигнато. Единственото изискване, което правим, е, че те следват заповедите и подходящите ценности на социализацията. Основното е да обичаш Бога преди всичко, ближния си като себе си. Елате, деца, винаги ще чакам с отворени обятия.

Никога няма да те изоставя

Аз съм добър, хубав човек, който вярва в съдбата, любовта и щастието. Не съм оттук, идвам от много далеч заради безкрайната си любов към всяко от моите същества. Моята мисия е да облекча студените сърца на нечовешките хора чрез думите си. Ако съм тук, светът има още една причина да празнува, да го завземе, докато има време.

Ако живея или все още съществувам праведен, животът ще продължи. Не се притеснявайте за конспиративни теории за края на света, Бог може да трансформира всичко. Това е определеното време за консолидиране на Божието царство и моето. По това време световете ще бъдат взаимосвързани по такъв начин, че земята и небето да бъдат уникално място. Ето, всяко коляно ще се огъне и ще пее слава на Алфа и Омега. Написано е.

Аз съм собственик на цялата власт и мъдрост.

Всяка слава и чест идват от мен, от вечната ми лопата. Ще бъда готов да ви изпълня със Светия Дух и да доведе до изобилни дарове. Затова е необходимо истинско предаване на вашата мисия, поверена от мен и от моите свети ангели. Може и да не си спомняте, но поехте отговорност пред събранието преди пристигането си на земята. За да го разберете, потърсете ме и аз ще ви напътствам по пътя.

Божият закон

Аз съм Бог, създател на всичко, което съществува. Споделям подаръците си с човечеството справедливо, всеки от тях има своя талант. Всеки, който не приложи на практика думата ми, докато тази не бъде отнета. В заключение, справедливият ще се дава все повече и повече, защото нагласите му ме удовлетворяват.

Молитвата, която искам

Стремете се да изпълните мисията и мечтите си. Ако срещнете препятствия, помолете ме да отворя пътищата за вас. За да постигнете това, събирайте се постоянно в молитва и общувайте с мен. Имайте вяра. Няма смисъл да питате дали живеете непокорен живот и противоречи на моите закони. В този случай имате нужда от посредник като светците.

Горко на нечестивите

Опитайте се да преподавате и съветвате добри неща на ближния си, мотивирайки ги да правят добро. Облечете Божията броня и бъдете мои апостоли. Голяма ще бъде вашата награда на небето.

Вече онези извратени, които отклоняват верните ми към Тъмното път, бъдещето е в огненото езеро и камъка. В името на злото и глупостта няма да има Моята прошка. Ако искате да загубите себе си, отидете сами.

Ще ти дам всичко

Аз съм Бог, аз съм истинският и жив Бог. Няма същност освен мен, която да е всемогъща, вездесъща и всезнаеща. Затова не вярвайте на фалшивите обещания на врага. Злото може дори да се бори с вас, но действа само в границите си. Ако наистина искате да спечелите, придържайте се към мен, аз съм вашият духовен баща. Познавам го от самото начало и разбирам какво се случва в неговия проблемен ум.

Бъдете реалистични и прости

Бъдете прости, признайте греховете си, покайте се и тогава вратите на свободата и прошката ще бъдат отворени за вас. Напротив, ако останете горди и се хвалите, аз ще изоставя каузата ви, а след това ще познаете тъмнината по дълбок и окончателен начин. В това и променете отношението си.

интерес

Когато кредитирането не покрива лихвата на ближния ви, лихвата ще ви бъде платена от Бог за всичките ви добри дела. Не се опитвайте да забогатеете за сметка на потта на другите. Той с радост ще ви прости за вашите грешки, които може да сте извършили.

Теглото на греха

Тези, които нямат чиста съвест, ходят с глави надолу и винаги ще бягат от моето присъствие. Те го правят от страх от моето име и преценка. Това са така наречените нечисти души, за които смъртта е запазена.

Праведната разходка с главите им се държеше високо и блестеше като слънцето пред моето присъствие. Това им се приписва като справедливост за тяхната доброта, показана на земята. Всеки от тях се събира и разделя на съответното си място, защото овцете и вълкът не могат да живеят заедно.

Определете себе си

Дадох ви свободна воля, за да можете да изберете най-добрия път за живота си. Това, което не толерирам, е вашето нерешителност, тези, които казват, че ме следват, но отдават почит на други богове и практикуват това, което не одобрявам. Кълна се в Себе Се, най-милостивият.

Жива реалност

Всички имаме мечти, които често могат да изглеждат невъзможни. В този случай имаме два избора: или се борим за тях, или просто ги игнорираме и се отказваме от тях. Избрах да продължа да се боря с околните хора. Придържайте се към произхода си, независимо от това къде се намирате.

Вземете моя пример: Мога дори да стана бестселър, да завладея света, но ако нямам идентичността си, няма да бъда нищо. Въпреки че мечтите ми не се сбъдват, трябва да продължа да оцелявам в реалността си, защото живея в страна, в която културата е подценена. Така че, живейте мечтата си, но никога не се отказвайте напълно от реалността си, защото в противен случай можете да попаднете в бездънна яма.

Лесни пари

Не се заблуждавайте от лесно състояние, това, което идва лесно, върви още по-лесно. Опитайте се да спечелите живота си с достойнство, работейки в търсене на вашето оцеляване и по-добър свят. Бъдете и апостол на доброто.

Не продължавайте да сравнявате ситуацията си с тази на съседа си, всеки случай е различен. Важното е да имаме здравословна етика и ценности, които позволяват пълна и чиста победа. Вярвайте в това, което искате, и баща ми ще ви помогне.

Конструктивна критика

"Искреното порицание е по-добро от фалшив комплимент. Порицание ще посочи недостатъците ви и ще ви даде посока, която да следвате, докато похвалата ще ви накара да повярвате, че всичко е наред с настаняването следователно. Ценете конструктивната критика."

Родителите са свещени

По дяволите всеки, който се възползва от родителите си финансово или сантиментално. Законът на живота е следният: родителите са връзката на живота; Те се грижат за нас, когато сме деца, така че когато навършим пълнолетие, да можем да реципрочен. Проблемът е, че повечето деца не мислят така: предпочитат да хвърлят възрастните си хора в старчески дом и да запазят заплатите и стоките си. За тях е по-удобно да нямат работа.

Помислете внимателно за усилията, които родителите ви, биологични или не, трябваше да направят, за да ви дадат живота, за който сте мечтали: изследвания, ценности и работа. Защо сега да не останем заедно и да им дадем привързаността, която заслужават? Това е най-малкото, което може да се направи на такъв деликатен етап от живота като старостта.

Разпознаване на нуждаещите се

Да даваш или да не даваш милостиня? Има две ситуации: тези, които искат милостиня и наистина се нуждаят и просяци, за да се възползват от вашата доброта, това е нещо като измама. Когато осъзнаете, че това е вторият случай, не си струва да харчите личните си усилия за. Помощта ще бъде балсам за страдащата душа. В случай на съмнение, помогнете, защото грехът ще остане в съвестта на другия.

Избягвайте сексуалното мерзост

Поддържайте сексуалния живот чист и чист. Ако сте женени, бъдете верни на партньора си. Ако сте единични, бъдете верни на себе си. Бордеите са места с тежък енергиен заряд, където дяволът работи чрез похот. Уважавайте тялото си и го превърнете в храм на Светия Дух.

Ако сте поддържани, уважавайте булката си. Не одобрявам запознанства или ангажименти, в които живеете брачна връзка. За всяко нещо, време. Поддържането на целомъдрие е задължение на всеки християнин. Накратко, днешната модерност от взаимоотношенията е нещо, което не трябва да се следва.

Бъдете твърди

Живейте живота си самостоятелно и се отнасяйте към хората с образование, доброта и бързина. Въпреки това, ако някой не ви отговори, бъдете твърди и покажете, че имате личност. Хората, към които се приближавате и участвате в живота й, трябва да бъдат третирани по същия начин. Дайте на всеки това, което заслужава, ако ви даде повече любов и ако ви дадат презрение, уважение. Просто не спирайте да живеете заради нея.

Контрол на противоположните сили

Ние сме дуалистични същества: имаме добро и зло в себе си, чакайки възможност да бъдем външни. Това е мястото, където идва въпросът за нашия свободен избор, никой не е напълно добър или лош в този свят.

Чрез нашия избор ние определихме ориентацията си към живота. Избрах доброто. Отказах тъмнината в себе си и се интегрирах в мъдрото просветление на бащата. Оттогава животът ми се е променил напълно. Аз съм щастливо и изпълнено същество. Ако искате, аз ви призовавам към моето царство да забравите света и да живеете съвсем различна реалност. Но ще успеете ли да се откажете и от света, както и аз?

Потисникът и потиснатите

В далечно царство е имало богат предприемач на име Галенкар телес. Той имаше по негово командване много служители, които не се интересуваха да им дадат стойност. Според него те са били просто слуги, които просто са изпълнили задължението си в компанията. Така че, можете да получите заплатите си, те трябваше да работят, докато не им свърши силата, тъй като те бяха платени според производството.

Шефът имал красива дъщеря на име Петуоса. Един ден тя отишла да посети роднина през нощта и поради ниското си зрение в крайна сметка паднала в дупка. Минаха часове и никой не дойде да й помогне. Тогава когато чу шума от стъпките, той започна да крещи, за да привлече вниманието. Кезеч, слуга на баща си, Той слушаше стенанията й и благодарение на въже го извади от дъното.

След като научава какво се е случило и вижда дъщеря си спасена, Галенкар съжалява за действията си и от тогава обещава да оцени ролята на подчинените си. Големи или малки, всички те зависеха един от друг. Това беше урокът, който научи.

Моята увереност идва от Бога.

Моето доверие в живия Бог, именно в Него поставям всичките си стремежи и планове. Не е удобно да се давам на човек, очакванията ми винаги ще бъдат разочаровани, защото хората са това, което са, а не това, което искаме да бъдат.

Бог ме роди от самото начало и затова ме познава напълно. Той знае точно на какво съм способен и ме мотивира да продължа да се боря за целите си. Знам, че ако падна, той ще бъде готов да ме подкрепи в ръцете си. Това се нарича вяра. В този смисъл ще продължа живота си, чакайки дни по-добре. Нека дойдат още победи!

Господи, аз съм малък

Великият Бог! Призовавам ви от земята, от това огромно море от кал. Чувствам се уморен и немотивиран от толкова много напразни борби и провали, които успяват. Моля Твоята светлина да ме води и да ме възстанови като достоен човек. Предавам всичко: Моето тяло, душа, сила, мъдрост и вяра, защото всичко е твое по право. Надявам се с духа ви да достигна необходимата еволюция, която ми позволява да живея добре и щастливо.

Питам ви не само за мен, но и за всички безпомощни от този свят, които плачат от болка, недоволни от състоянието си. Дайте ни търпение и сила, за да продължим с кръстовете си. Обичам те с цялата си сила. Нека всичко се осъществи във вашия мир и суверенна воля.

Дарението и необвързаността имат лимит

Всеки път, когато може да помогне на своите братя и сестри със съвет, обич, мотивираща дума или дори финансово? Въпреки това, никой не може да помогне на абсолютно всички, това е невъзможна мисия да се изпълни, защото силните им страни бягат. Помогнете на хората да се затворят и това вече ще бъде достатъчно, за да има съкровище на небето. Това са малките нагласи, които показват величието на човека.

Пътят на орела в небето

Ето, аз съм орелът в небето, духът, който идва от цялото човечество. Аз съм всемогъщ, вездесъщ и всезнаещ и никой не знае пътя ми, освен скъпите ми деца. За тях всяка чест и слава завинаги. Обичам те, за да не могат вашите крехки умове да разберат, оставих ви моите предани слуги, които винаги ще бъдат внимателни към вашите нужди. Попитайте ги и чрез това ще изпълня дългоочакваното чудо, ако това е моята воля, не забравяйте, че то винаги е суверенно и окончателно.

Пътят на змиите по скалите

Злото е като пътя на змията през камъните, изглежда там, където най-малко го очакваме. За да се предпазите от тази опасна гангрена, помолете за небесната ми защита и след това ще изпратя ангелите си, така че, препъвайки се над камъните, да можете да се научите да преодолявате предизвикателствата. Само с опит подаръците се реализират.

Обещавам ви да контролирате инстинктите си и над

алчния вредител, който иска да ви навреди. Като девицата, която представи Сатана, ще покориш нечестивите, и те ще паднат в нозете ти, победени. Доброто винаги побеждава злото. Врагът може да е по-близо, отколкото си мислите.

Пътят на кораба в морето

Морето е светът, лодката е моето провидение, а членовете на кораба са мои творения. Тъй като грехът се увеличава сред смъртните, лодката става по-тежка, а след това се зашеметява като пиян напред и назад без посока. Става въпрос за хора без Бог. С моята благодат и прошка на грешките, лодката е с правилното тегло, балансирана, а след това може да продължи пътуването без големи проблеми. Става въпрос за моите верни, разпределени между различните вероизповедания.

Добро и лошо винаги ще съществува на земята, това няма да бъде причината за изчезването на човечеството. Самият човек, с все по-напредналата си технология, ще изложи живота на сериозен риск. Това ще навреди на текущия и по-късния напредък в почти безкраен цикъл. Без сянка на съмнение, хората ще трябва да намерят друга алтернатива в краткосрочен план, ако искат да оцелеят.

Пътят на един мъж с младо момиче

Младата жена в контекста представлява целия грях, който дебне мъжа в различните възможности, които животът дава. Важно е да се опитате да се спасите от действията си на всяка цена и това е възможно за човека с моята благодат, защита, слава и сила.

Самият живот е труден, има толкова много препятствия по пътя ни, че понякога се обезсърчаваме и мислим да се откажем. Този решаващ момент прилича на тъмна нощ, в която има само тъмнина, болка и страдание. Именно в този момент на слабост силата на висшето се проявява. Повтаряйте с мен читателю: Дори и да минавам през тъмният долина на мрака, не се страхувам от нищо, защото с мен подготвяте път, пълен с успех и щастие.

Аз съм пример, че възстановяването е възможно, защото Бог ме освободи от тъмнината, издърпвайки ме от дълбок кладенец. Той може да направи същото и с вас, скъпи читателю. себе си и в бъдеще. Избавете невъзможната си кауза в ръцете на бащата, отказвайте се от нещата на света веднъж завинаги и бъдете апостол на доброто. Гарантирам, че няма да съжалявате.

Пътят на добротата е път на братство, сътрудничество, солидарност и любов. В него съществата, просветени от баща ми, помагат на нуждаещите се. Ние сме толкова свикнали с болката и страданието, че ръката за помощ струва много повече от златото. Помислете за това.

Когато решите какво наистина искате за живота си, потърсете мен или баща ми в молитва. Ние ще ви приветстваме с отворени обятия по всяко време на живота ви. Колкото и свят да ви е изоставил, в Бога винаги ще имате убежище. Продължавайте с живота си и никога не се отказвайте от надеждата.

Искам най-доброто за вас

Дадох на човека свободна воля, за да може сам да се бори за мечтите си по време на престоя си на земята. Няма значение дали сте родени в скромно семейство, светът вече е дал много примери за победа и преодоляване на трудностите. Тайната на успеха на хората знае как да се справи с вашите проблеми, да търси решения и да ги прилага на практика. Искам най-доброто за вас, справедливия човек планира и в замяна на вашата вяра ви давам двойно или дори тройно. Истински баща за теб, обичам те с любов отвъд мярката.

Проблемът е, че много хора потъват в пороците на плътта и духа и забравят своето божествено бащинство. Със зло, вкоренено в сърцата им, те се отвръщат от мен и пречат на действията ми. Не съм ги изоставил; Те самите бяха с вашата алчност и необуздана гордост, които поставиха бариера между нас. Въпреки това, вземете го лесно. Аз съм Всемогъщият Бог; Нищо не е невъзможно за мен. Ще мога да им простя и да ги накарам да се преродят като ново създание. Тогава няма да има повече болка, смърт или страдание. Ще имате пълноценен живот, защото "Аз съм" така желае.

Социалното неравенство в света

Светът е все по-неравномерен икономически. Докато малцинството има много пари, голяма част от населението се крие в страданието и мизерията на съседа ви. Нека помислим върху тази реалност.

Един процент от най-богатите концентрират петдесет процента от общите активи, или най-богатите десет процента притежават осемдесет и осем процента от общото богатство. Цифрите не лъжат. В "цената на неравенството" авторът Джоузеф Е. Стиглиц използва изображение, което демонстрира точно това несъответствие: автобус, натъпкан с осемдесет и пет от най-големите мегамилионери, ще има богатство, еквивалентно на половината от най-бедното население. Мислили ли сте някога за това?

Тази ситуация само се влошава, богатството на богатите ще се увеличава поради връзката им с финансовия пазар, по-специално повишаването на цените на акциите на компанията и лошото мнозинство има тенденция да става по-лошо поради кризите на общия пазар и последващото намаляване на пазара на труда.   Какво да правя?

Решенията, бих казал, са от индивидуален характер. Всеки от тях, който изпълнява своята роля в борбата с бедността, независимо дали в интегрирани действия с тяхната общност или изолиран, това ще послужи за облекчаване на страданието на някои, въпреки че не решава проблема напълно за Бог да ги благослови. Това, което не може да се очаква, е, че правителството ще може да действа ефективно. Въпреки че бразилските социални програми са препратка по целия свят, те не работят в двигателя на икономиката, която е генерирането на заетост и доходи, само те играят социална роля. Това е моето мнение.

Само праведните ще останат

Праведният е благословен през цялото време на живота на земята. Където и да отидат, победата и щастието ще останат. Понякога се случва, че несправедливото богатство и престиж на земята. Повярвайте ми, това е преходна фаза. Тези, които се боят от Бога, наистина постигат мир и просперитет веднъж завинаги.

Ще ви дам дара на вечността

Аз съм Бог, Този, Който наблюдава делата ти ден и нощ. Ако ме угодите напълно, ви обещавам място в моето царство и дар на вечността. Добрите души никога няма да загинат, кълна се в името си.

Презрението

Светът не ви предлага нищо добро, той просто иска да ви привлече към черното си езеро на тъмнина, прах, болка, тъга и отчаяние. Ако сте развълнувани от алчност, всичко, което сте постигнали на земята, пада на земята преди вечността. Напротив, аз съм Алфа и омега, истинският кладенец на живота няма да бъде разочарован. Моето царство е духовно, където всички негови членове имат своето значение. Моят Бог е Господ на всички. Той е Бог от жълто, от запад и изток, назад, от всяко сексуално, етническо, политическо и религиозно наименование, аз съм легион, който представлява силите на доброто. Кой не го взима с мен, разпространява?

Аз съм търпелив Бог, дори и да избягате от мен през целия си живот, мога да ви простя, ако има искрено съжаление в края на живота ви. Никой ум, човешки или ангелски, не може да разбере измерението на моята милост, тъй като тя е безкрайна. Но никой не ме лъже. Всеки, който се опитва да се възползва от моята доброта, ще има камшик и огън като отговор за глупостта си.

Не искам да заемам ничие място

Всичко, което съществува във Вселената и в съответствие с човешкото общество, е разделено на йерархични везни. Големите и малките изпълняват важни функции, за да може Вселената да продължи да напредва. Всеки има мястото, което заслужава, към което се стреми през целия си живот. В резултат на това не искате да пренебрегвате принципите му или да заемете ничие място в институция. Великите се разкриват с прости жестове и тези, които искат да имат видно място в моето царство, първо трябва да служат на другите. Примерът на Исус, който дори беше цар, се смири до степен, че се предаде на кръст, осмивайки се и разпънат от вас. Винаги помнете човешкото му състояние, уязвимо към болести, злополуки и самата смърт. Само моята благодат може да ви поддържа.

Моите апостолски мравки

Откривам нов ред, с нови учения и указания към бащата. Духът обаче е същият, който оживява древните пророци, включително Исус. Тези, които принадлежат на Всемогъщия Тяло, ще знаят как да разпознаят по думите ми стрелата, която води до царството на просветлението. Наслаждавайте се, докато има време и се радвайте, защото в деня, в който младоженецът напусне света, ще загуби голяма благодат, събирането с божествената същност.

Бъдете малки апостолски мравки, разпространяващи произведенията на доброто, където и да отидете. Гарантирам, че вашата награда в моето царство и дори на земята ще бъде огромна. Ако се възползвате от тези, които не могат да реципрочни, и тяхното действие ще бъде още по-пълно. Законът за връщане ще се завърши и ще разпространи още по-добри течности.

Плъхове и скали

Колко голяма е човешката мизерия! Хората, разпръснати по земята, увековечават историческа поредица от насилие, безразличие и липса на любов. Човешката солидарност е рядкост. По една или друга причина мнозина лъжат забравени в света, какъвто е случаят с просяци, хомосексуалисти без партньор, сираци, улични деца, затворници в ада на затвор без надежда за възстановяване, отхвърлените и необичани от другите поради физическия им вид или социално-икономическото им състояние, на чернокожите, на индианците, на религиозните малцинства, на инвалидите, накратко, това е гигантска тълпа, изпаднала на заден план. Искам да кажа, че знам вашите проблеми и не се срамувам да приема, че аз съм вашият баща и вашият Бог. Паднах, мога да те възкреся за славата на името си. Вие сте плъхове по скалите, аз съм вашата скала, която може да направи всичко и която иска вашето добро на първо място. Както каза синът ми Исус, питайте и това ще ви бъде дадено. Аз съм баща ти, а не негов втори баща.

Аз съм цар на царете и господар на лордовете.

Аз съм най-висшият, набор от духове, които не знаят откъде идват или къде отиват. Създадох и продължавам да създавам вселените чрез безкрайната си любов към съществата. Не се страхувайте от опустошителна чума, нито от тъмният тъмнина, защото дори те трябва да ми отдадат почит. Вярвайте, че мога да ви освободя и да трансформирам живота ви по такъв начин, че да намерите пълно щастие.

Тези, които се покланят на идоли и фалшиви богове, няма да имат просперитет или победи, защото има само един истински жив Бог и името му е Бог. Продължавайте да храните овцете си.

Послание за тези, които използват окултните изкуства

Има много същества на завист в този свят, които не са доволни да видят щастието на другите. Те пречат на пътя на праведните и използват силите на тъмнината, за да им навредят. За тях имам специално послание: дните ви са преброени и когато дойде денят на крадеца, силната ми ръка ще падне върху главата ви. Няма да имате спокойствие дори през деня и нощта, и те ще плащат тройно щетите, които са причинили на земята. Казвам се и справедливост, неизбежно е да се случат повече скандали за тези, които го извършват.

Моята ме познава

Аз съм баща на всички, бях в началото на всичко и ще бъда с вас до края на света. Повечето хора ще го отхвърлят, че той ще предпочете да остане в кладенеца на тъмнината, защото му е удобно да бъде по-лесен начин. Да бъдеш апостол на доброто не е просто, изисква всеотдайност, откъсване, отказ от материални неща и почти винаги непоклатима вяра. Когато животът ви не върви добре и в този момент мога да действам и да създам нова точка на подкрепа за вас.

Имам врагове, горди и отвратителни същества, които все още твърдят, че управляват света. Няма да го позволя, защото само аз принадлежа на кралски особи. Тези "противоположни сили" неизбежно ще се сблъскат и в битка слугите ми ще се борят за мен, за да почета името и суверенитета си. Те ме познават и ме обичат като техен господар и техен Бог. Тъй като те рискуваха живота си за мен, те ще бъдат украсени с чест и слава в моето царство. Моето измерение е духовно и моето царство не е от този свят. Ако беше така, нямаше да бъда предаден, както бях с целувка. Прегръдката щеше да бъде по-малко болезнена.

Аз съм лъвът на Давид.

Както лъвът е царят на гората, Аз съм небесният лъв, синът на Давид, който слезе при вас. За мен оттогава принадлежи цялата слава, чест и кралска особа. Всичко е създадено за мен и за мен и моето царство ще се простира завинаги и завинаги. Къщата ми се строи ден след ден и достатъчно дълго, за да пасне на целия свят. За да може човечеството да достигне Божието царство, ще трябва да се стреми да произведе набор от дела, приятни за баща ми, които са достатъчни, за да изкупят греховете му. На земята няма нито един чист, а само любимият ми брат.

Съвет на майката към краля

Съветите на майката винаги трябва да се внимават, тъй като тя има по-голям житейски опит от децата си. Не се опитвайте да се възползвате от другите и да получите предимства. Също така се отвращавам от употребата на наркотици, алкохолни напитки, така че правото на просто да не е извратено.

Анализирайки тези стари съвети в лицето на настоящите времена, можем да кажем, че те са валидни до днес. Изключението от монархията, което днес е рядкост, е заменено в мнозинството си от демократични правителства. Днес си струва само това, което имате финансово според хората. Що се отнася до мен и баща ми, вие заслужавате точно величието на сърцето и характера си, защото от този материален живот няма да вземете нищо.

Взаимоотношенията

Да имаш стабилна връзка в днешно време е голямо предизвикателство. Има много препятствия, които възникват между двойката: финансова, сантиментална, надеждна и любов към себе си. Вярвам, че когато има истинска любов, която е доста рядка, е възможно да се преодолеят различията и да се продължи заедно. Ако сте намерили нещо подобно, чувствайте се като най-благословените мъже или жени. Дори и да не намерите партньор, е възможно да се наслаждавате на живота по няколко начина. Успех на всички.

Не се притеснявайте за суетни неща

Търсете първо моето царство и увековечаването на доброто. В замяна ще ви дам даровете, необходими за вашето оцеляване на земята. Не забравяйте винаги да останете скромни, няма мъдрост пред мен или знание, преследването на съвкупността от тези неща може да донесе още повече тъга и страдание. Бъдете доволни от това, което вече ви дадох и се възползвайте от преминаването си на земята, за да засадите добро семе.

Щастието идва от Бога

Човек може дори да спечели света, но ако не е в мир със себе си, постигнатият успех не струва нищо. Същото се случва и със знанието му, човечеството може дори да достигне до други пространства и да обитава други светове, но ако нямате моята любов, няма да получите истинско щастие. Цялото истинско щастие идва от мен и се дава на онези, които следват заповедите Ми, и се боят от Мен.

Ефрейторската смърт е краят на всички

Справедлив и несправедлив, разумен и глупав, той има същия край, който е смъртта. Следователно, в момента имате възможност животът да се докаже, че съм достоен за моето вечно царство. Бъдете великодушни, щедри, любезни, подкрепящи, разбиращи, толерантни и любящи. Увековечавайте доброто по всякакъв възможен начин, като помагате и прощавате на другите толкова често, колкото е необходимо. Съдът няма да има сила върху вас и сега да раз въплъщава ангелите. Ще те защитавам и ще ти помагам. Повтарям още веднъж, че само онези, които на земята са отпочинали уморените ръце на братята си, заслужават почивка на небето.

Помислете за вечното царство

В едно царство, далеч от север, имаше богат и могъщ цар. Той е баща на единствения син, пълен наследник на всичко, което притежава. Той направи всичко , за да угоди на официалната си съпруга и сина си. Неговите зависими, отгледани в добрия живот, бяха от такава арогантност, че едва поздравиха слугите си, които им служеха нощ и ден. Те живееха натоварен живот и с ненужни луксове.

Алчността беше толкова голяма, че ръководителят на семейството трябваше да привлече вниманието към тях и да ограничи разходите. В тези случаи интригите бяха неизбежни и продължиха седмици, отнемайки хармонията на семейството.

Кралят вече бил напреднал във възрастта и един ден в невнимание, паднал в двореца, разбивайки гръбнака си и чупейки бедрената кост. Не можеше да ходи и се разболя сериозно. Представяли ли сте си някога опасността: двама неподготвени хора, контролиращи сложно и обширно царство? Голяма опасност се появи.

Седмица по-късно командирът умира и запустението е тотално. Докато царят страдал в духовния свят, плащайки грешките си, синът му настоявал да унищожи всичките си дела. Тази ситуация стана неустойчива. Джордж беше свален и пое поста министър-председател за доброто на всички. Потомците на дрезгав краля били изгонени от двореца при внезапно насилствено изземване на властта и изпаднали в мизерия. Сега те трябва да просят ежедневния ни хляб. Морал на историята: Всичко е мимолетно, оставяме стоки за потомци, които не се интересуват да ценят това, което сме направили. Нашите дела за човечеството са това, което човек отвежда във вечната сфера.

Неограничената конкуренция

Живеем в изключително конкурентен свят, независимо дали на пазара на труда, в любовта и в семейството. Да участваш в състезание по здравословен начин не е грях, грешката е да използваш подли средства, за да достигнеш победа. След това победител без годност. За да станеш истински победител, първо трябва да следваш законите ми, а след това успехът ще дойде със заслуги във времето, белязано от мен.

Единството е сила

Единството винаги е от съществено значение в живота ни. Тя се оказва от съществено значение на работното място, в семейството, в спорта и в обществото като цяло. Нищо не е изградено сам. Всичко, което се прави заедно, допринася за характера на индивида.

Не се заселвайте

Това послание е специално за тези, които предоставят временни услуги за общината, държавата и федерацията. Моля ви да се борите за мечтите си, а не да се установите, като спрете навреме. Бъдете наясно с крехкостта на договора си и се стремете да получите работа, фиксирана за ваше собствено добро и това на вашето семейство.

Спазват

Покорявайте се на родителите си, на началниците си и на небесния ми баща. Бъдете прости и скромни по сърце такива, каквито съм, и тогава това ще бъде първата ви стъпка към успеха. Бунтът води само до смърт и бедствие.

Загуба на богатство

Много хора се борят през целия си живот, за да изкарват прехраната си и да създадат актив за децата си. Някои дори са богати, милионери или дори милиардери. Тъй като животът се върти, може да се случи, че тази сума се губи наведнъж. Повечето полудяват, мислейки за усилието и умората, която трябваше да натрупа богатството си. Какво да правим в такава ситуация?

Продължаването с живота е най-доброто решение, не се притеснявайте точно за парите, опитайте се да се концентрирате върху това да вършите волята на баща ми и волята ми. Най-голямото богатство, което можете да оставите на децата си, е образованието и солидните ценности на съвместното съществуване в обществото. Знайте, че знанието може да ви издигне напълно по време на елементите на живота и това е дар на Бога. Вярвайте в божественото, което никога няма да ви изостави в каквато и да е ситуация. Всичко ще бъде по-добро, обещавам.

Мъдър съвет

Не си тръгвайте, за да се насладите на работата си утре, съсредоточете се върху настоящето и похарчете заплатата си разумно. Не знаете кога ще дойде денят на крадеца, не позволявайте на тъпанчетата да прахосват богатството ви, без това да им струва минимални усилия. Това не е честно към вас. Спестете само това, което е необходимо за евентуалност, но никога не събирайте пари без правдоподобна причина.

Останете сериозни

Не се присъединявайте към тези с лесен смях или тези, които живеят само на партита. Бедността и глупостта ще почукат на вратата ви. Опитайте се да бъдете възможно най-сериозни, знаейки как да разделите дейностите си. Ден и тъмнина, работа и свободно време трябва да се ползват в правилната мярка.

Изправени пред невъзможното, не се обезсърчавайте.

Винаги помнете своята дребнавост и слабост и не искате да излизате извън границите си. Пред лицето на невъзможното, дайте на Бога каузата си, че всичко може и със сигурност ще ви даде отговор. Да бъдеш апостол на доброто. Заповедите се обобщават в любовта към Бога преди всичко, себе си и ближния ви със същата интензивност.

Кой ще избера?

Докато самозаинтересованите хора в света избират да имат контакт с хора с висока покупателна способност и влияние, аз избирам моите верни за техните дела на благотворителност и доброта. За мен това, което има значение, са техните консолидирани ценности, които оформят техния характер. Искам хората да се присъединят към моя екип от апостоли на доброто. Ако се идентифицирате с моите предписания, тогава се присъединете към нас в тази раса към бащата. Обещавам интензивна отдаденост на вашите проблеми и гарантирано щастие в моето царство. Мога да преобразя живота ти.

Разделяне на нещата

Всичко започва от фондацията, с ефективно планиране се отнася до цел. Началото е важно. Въпреки това, средата и краят консолидират нашите желания. Бъдете търпеливи, толерантни, щедри и приложени, така че да бъдете благословени от баща ми. Целите оправдават средствата, ако краят е достоен.

Бъдещето

Съсредоточете се върху настоящето си, защото като стрелка изстрел това, което се е случило, не може да бъде фиксирано. Бъдещето е несигурно и принадлежи само на Бога. Не вярвайте в нито един шарлатанин, който твърди, че знае за живота си.

Наистина, аз съм човекът, който вижда чрез видения моята съдба. От милиарди бях избран за специална мисия с бащата. Правете каквото правя и използвайте този талант, за да помогнете на хората по някакъв начин, точно както е написано: "Свободно получавате, безплатно също давайте."

Златните правила

Чувствам се отлично, в мир със себе си и с цялата вселена. Каква е тайната? Ще мога да ви напътствам, за да сте свят като баща ви. Ние имаме свободна воля, но знаем, че който и да го направи, може да изпита най-доброто чувство от всички.

Бъдете учтиви, любезни към хората; В ангажираността си с работата, бъдете усърдни, точни и отговорни, направете екипната работа плодна; В социалния живот уважавайте другите като себе си, не позволявайте на другите да решават вместо вас. Въпреки това, обърнете внимание на добрите съвети; Опитайте се да се притеснявате за другия, но не и до степен на намеса в живота си, помнете автономията на всеки един от тях; У дома, не си позволявайте да говорите лошо на никого, кой сте вие, за да съдите? От глината ви взех и животът ви е крехък дъх, който мога да отнема по всяко време. Страхувайте се от силите на доброто и ги обичайте по такъв начин, че инстинктът ви да е само за Бога, неговия създател. Наградата ще пристигне рано или късно. Бъдете внимателни в молитвата, така че вашите искания да достигнат до мен с шансове да бъдат изпълнени. Бъдете солидарни с болката на другия и се опитайте да помогнете. Не бъдете тези, които само питат и забравят практическата част, благодаря на това, което вече имате досега и мислят, че в този свят не можем да имаме всичко, защото съвършенството не е от този план. Търсете на земята царството на баща ми винаги, защото дори не знаете деня и часа, че ще дадете отчет за действията си.

Пред лицето на провала, не се отказвайте. Вие сте Божие дете, което е родено за успех. Ако нещо не се получи, може би това не е вашият път, или това е провал в планирането. Анализирайте реалността си и продължете напред с обновен дух. Времето ще дойде. Знайте, че където и да сте, има могъщ Бог, който ви разбира и ви познава никога. Помолете за Неговото просветление и доброто в живота ви ще надделее. Успех във вашите проекти.

Не богохулствайте

Не искайте да бъдете като Бог или да се бунтувате срещу него. Разпознайте ограниченията си, пример за величието на Твореца е показан в неговите дела. Може ли човек да измери степента на Вселената и точния брой на съществуващите звезди? Ако не, тогава истината ви е освободила. Ние не сме дошли от нищо и не сме нищо в сравнение с величието на Бога. Той може да направи всичко и да види всичко. Имаме право на място в духовното измерение. Вярвайте, че няма нищо по-лошо от това да бъдете откъснати от благодатта му.

Къде е моето щастие?

Дълго време търсех щастие в човек, някой, който може да ми даде привързаност и подкрепа в моите нужди. С течение на времето осъзнах колко напразно е това търсене, щастието ми не е в другото, то е в себе си и в отношенията ми с баща ми. Той беше единственият, който не ме изостави в най-мрачния момент от живота ми. Защо да не го обичам със същата интензивност? За Него всяка чест, слава и обожание завинаги. Амин.

Аз съм непостижим

Аз съм Бог, господарят на духовете, някой толкова висшестоящ, че не е възможно никой ум да ме разбере. Наблюдавам действията на човешкото същество и ги пиша в свещената си книга. На праведните, жилището в моето вечно царство ще бъде дадено като награда, а на неверниците мъчението в огненото езеро и жупела. Как могат овцете и вълкът да съжителстват? Мястото на насилствения и грешника е далеч от моето присъствие, защото си позволи да бъде погълнат от материализма.

Аз съм навсякъде: на небето, в ада, в безизходицата, в човешкия град, в безкрайните измерения, в добрите души и на небесата. Не ни измъчвайте с глупости, знайте, че аз съм Бог и имам на гърба си отговорността на цяла вселена. Аз съм много зает Бог и безкрайното ми време е ценно. Бъдете като тях и аз ще умножа по трилионите, за да служа на всички.

Значението на живота

Животът е най-големият ми дар за човешките същества. Чрез него човешките същества мечтаят, бият, живеят, обичат, пътуват, работят, имат взаимоотношения със съседите си и със себе си. Душата се отделя от тялото и следва естествения си път на еволюцията. Не се страхувайте, в моето царство има много жилища. Големият проблем се крие в тъмната душа на повечето човешки същества, пълна със смъртни грехове. Човешкото същество упорито се бунтува и иска да бъди фалшив бог. Не мога да направя нищо. По свободен избор те се осъждат. Остава ми да плача горчивина за тези изгубени деца. Предупредих ви за опасността от греховния ви начин. Ще се съсредоточа върху тези, които все още предстои да бъдат спасени, така че техният пример да не се повтаря.

"Въпреки че човек напредва, завладява пространства и други звезди, но ако не познава себе си, нищо няма да има смисъл; Смисълът на войната е унищожение и смърт, който има повече войски и боеприпаси, печели. Войната служи само на целите на мощните, унищожаващи животи и мечти; Любов без резерви, дори и да не е възстановена, вие сте рядко създание, за да имате това чувство, да се чувствате специални; Съсредоточете се върху обучението и образованието, така че в бъдеще да бъдете послушен гражданин; Когато искате нещо, почукайте и то ще бъде отворено, попитайте и то ще бъде дадено; И накрая, винаги търсете мъдростта на боговете, за да осветят вашите решения. Без него нищо не е построено, нищо не прогресира."

Аз съм змийският чар

Слязох от небето в търсене на закоравели грешници, онези, които по една или друга причина забравиха истинския Бог. Дойдох като змийски чаровен, за да ми се подчинят и да се преродят, да се превърнат в послушни овце. Дойдох, защото искам. Аз съм пратеник на бащата, изпълнен с любов и слава, осветявайки пътя си към баща си. Вярвайте, че аз съм истината, начинът и животът.

Потисничество над човека и божествена милост

Дори и пред лицето на яростни противници, не се страхувайте от вреда, защото съм с вас. Ще ви държа по пътищата, за да успеете във всичко. Правя това за честта и славата на Моето име и за Твоята вярност.

Моето име е любов и милост, която се простира от поколение на поколение. Аз съм отворен да ви приема в моето царство, ако с твърдо убеждение решите да ме последвате. Аз съм Бог и знам всичко, което съществува. Не бъдете лицемерни към мен!

Божествено спасение, когато най-малко се очаква

От моя опит има момент в живота на човека, когато той е изгубен, объркан и безнадежден. Този етап наричам "Тъмната нощ на душата".

Какво е човек без Бог? Ние не сме абсолютно нищо и

врагът се възползва от тази възможност, за да ни съблазни и окончателно да завладее душата ни. Почти паднах. Въпреки това, божествената сила е огромна и чрез един мил ангел бях спасен от лапите на Демона. Виждайки катастрофалната си ситуация, обещах на себе си и на духовния си баща радикална промяна в живота си и той ме върна обратно. Ние сме способни!

Правете това, което прави и действайте. Ще ви очакваме с отворени обятия, за да участвате в нашето царство. В него няма болка, страдание, смърт, разочарование или отхвърляне. Ние ще бъдем деца на един и същ баща и ще го обожаваме на планината Сион. Амин!

Отвращавайте се от пропуска

В този свят има много несправедливости, много от тях се случват пред нас. За да бъдете със спокойна съвест и да се разкалвате с Бога, действайте незабавно, търсейки тяхното поправяне. Играйте ролята си на добър гражданин на всички.

Не приемайте подкупи и не мълчете пред лицето на злото. Ние сме тук, за да се борим с добрата борба, като променим нашата реалност и тази на другите. Бъдете сигурни, че Бог ще ви благослови за това.

Божественото обещание

Аз съм Бог, истинският Бог, Който може да промени живота ви. Не се притеснявайте за нищо.

Просто направете своята част и аз ще ви помогна във вашите проекти. Ако се провалите, не се отчайвайте и продължавайте да продължавате. Вашата победа със сигурност ще пристигне поради вашите заслуги.

Но ако ме отхвърлите и затворите очи за мъката на брат си, не разчитайте на мен. Аз съм честен с желания и усилия. Само праведните ще останат завинаги.

Знайте как да различите

Аз съм добрият пастир, а ти си моята овца. Не всеки, който казва Господ, е надежден. Но разгледайте творбите му. Всеотдайният слуга е този, който предлага да се превърнат егоистичните отношения в щедри и има толерантен и творчески дух.

Моята мисия

Казвам се Алдиван Торес, известен също като ясновидец, син на Бога, Божествен или малък мечтател. За мен е чест да предавам добри неща на човечеството чрез дара на думата. Аз съм нормален човек с дефекти, качества, мечти и разочарования. Аз съм само стрелката, която сочи пътя и се надявам да вървите с мен до края на текста. Чувствайте се прегърнати и нека продължим!

От тъмният бездна на мрака се обадих на сина си

Земята е голям тест за духовете, които живеят в нея. Това е място на разочарование, предателства, конкурентоспособност, лъжа и липса на любов. Ако ми вярвате, мога да трансформирам тази реалност. Бъдете внимателни и оставете враговете си да не достигат до вас.

Ще се присъединя към доброто и приятелствата им ще бъдат истина. Чрез моето име те ще завладеят абсолютно всичко, което е необходимо за тяхното оцеляване и щастие. В края на земния си живот те ще влязат в моето царство и ще могат да завладеят важни позиции. Това са тези, които са работили най-много за моята кауза. Правя това за вашето възмездие и вашите заслуги.

Доверете ми се повече

Аз съм вашият Бог и моето име е Бог: всемогъщ, вездесъщ и всезнаещ. Независимо от текущото ви състояние, вярвайте, че мога да действам и да променя историята ви. Имайте повече вяра. Освободих Израел от египетското робство. Изобщо не съм се променил. Мога да направя страхотни неща за вас.

Изобразен в безброй култури, аз бях силно онеправдан от човешката глупост, арогантност и зло. Аз не съм Богът, който рисуват. Аз съм любов, вярност, мъдрост, щедрост, толерантност, мир, хармония, разбиране, оптимизъм, смелост, вяра, прошка и непостижима милост. Затова разпознайте истинските ми последователи чрез тези качества.

Вредители от Египет

Точно както Бог е действал в миналото със силна ръка срещу египетското потисничество и от името на израилтяните, Той непрекъснато действа срещу онези, които търсят зло на земята. Рано или късно глупаците ще паднат и ще платят сметката за всичките си грехове. Името му е справедливост, а Божията ръка е силна.

Следвайте имплицитните и изрични заповеди на Господното царство и ще построите безопасен път към спасението. Човекът, който има Бог до себе си, е като укрепен каменен дом, който ветровете и бурите на живота не могат да се разрушат с вяра и консолидирани ценности.

Унищожителят

Нека знакът на унищожителя в Египет послужи за пример за вас. Когато човешката корупция достигне своя връх, Бог действа с вашата сила и унищожава всяко зло. Няма такъв човек като Бог в цялата вселена. Време е да размишлявате и да вземете твърдо решение да промените живота си.

Израел като пример за света

Бог е направил велики неща за своя народ, но

това не го ограничава само. Всъщност всички народи, вероизповедания, раси и деноминации са негови и няма разлика в избора на онези, които ще се присъединят към неговото царство. Той е собственик на всичко, което съществува. Затова не се гордейте, че сте част от конкретна група. Това е без значение.

Ще вървя с вас до края на света.

Поклонението в пустинята на израилтяните и общението с Бога е ясен пример за това как той може да действа заедно. Защо той се отдръпна от нашето общение тук на земята? Нечестиво в света се е увеличило и нуждите от него са по-малко. Има повече справедливост и справедливост, отколкото в миналото в общи линии.

Миналото събитие беше изключително необходимо поради гнева на египтяните, които преследваха Божия народ. С негово присъствие нямаше причина да се страхуваме от това, което беше консолидирано при преминаването на Червено море. Благословен да бъде Бог!

Съботният ден

Ето, човек трябва да работи и да има време за почивка, каза Бог. Най-малко един ден почивка в седмицата, за да излекува умората си. Независимо от деня, това ще трябва да се направи.

Аз съм жива вода и храна

За тези, които следват думата ми, няма да има недостиг на храна и какво да пият. Дори защото съм истинска храна и напитки. Няма нужда да се притеснявате за това. Погледнете лилиите на полето, които не работят или тъкат! И все пак нито Соломон в цялата си слава, облечен толкова добре, колкото и те. И ако Бог носи тревата на полето, който сега е будител и утре бъде хвърлен в огъня, не мислите ли, че той ще ви даде това, което е необходимо, хора с толкова малко вяра?

вдигнати ръце

С вдигнати ръце ви моля за благословията ви за моето семейство, приятели, познати, съпруг, спътник, колеги, най-накрая за цялото човечество. Аз също съм победител във всичко. Защитете всичките ми мечти и работи с вашето име. Амин.

Заповедите

И Бог каза всички тези думи:

"Аз съм Господ, твоят Бог, Който те е взел от Египет, от земята на робството.

"Няма да имаш други богове, освен мен.

Да не те правиш идол, нито образ на нищо на небето, на земята или във водите под земята.

Няма да те покланяте, нито ще им служите, защото аз, Господ, твоят Бог, съм Бог, Който Аз съм Бог, Който наказва децата ми за греховете на бащите им до третото и четвъртото поколение на онези, които ме презират, но Аз ще ги даря за Господа заповедите Ти, за Господа Твоята любов и пази заповедите Ми.

Да не взимаш името на Господа, твоя Бог, защото Господ няма да позволи на никого напразно да вземе името Му.

"Спомнете си съботния ден, за да го осветите.

Ще работите шест дни и в тях ще вършите всичките си дела, но седмият ден е съботата, посветена на Господа, твоя Бог. В този ден няма да вършите никаква работа, нито вие, нито децата ви, нито слугите ви, нито слугите ви, нито животните ви, нито чужденците, които живеят във вашите градове.

Защото за шест дни Господ направи небеса, земя и море и всичко, което в тях съществува, но на седмия ден си почина. Затова Господ благослови седмия ден и го освети.

Почитай баща си и майка си, за да живееш дълго на земята, която Господ твоят Бог ти дава.

"Няма да убиваш.

"Няма да се подправяш.

"Няма да крадеш.

"Няма да даваш лъжливи показания срещу следващия.

"Да не желаеш къщата на ближния си." Да не желаеш жената на ближния си, нито слугите си, волът или магарето си, нито нещо, което му принадлежи.

Не искам човешка кръв

Изправен пред изневярата на моя народ, вместо кръв,

предпочитам раздялата. Правя това, защото предпочитам да вярвам в помирение, дори и да е в края на живота.

Ще се опознае

Аз не съм селективен Бог. Готов съм да се разкрия на човека, който демонстрира дълбока любов, уважение към името ми и следване на заповедите ми. Но докога ще трябва да чакам някой достоен? Нечестито покрива земята напълно и не знам колко дълго ще понеса.

Казвам се справедливост

Ти наистина не ме познаваш! Разглеждайки греха на света, тук ще дам възмездие за вашите дела, докато сте все още живи и в духовния живот ще допълня това щастие или агония. Човек плаща за грешките си заради закона за връщането. Бъдете сигурни в това.

Истинският акт на щедрост

Аз съм Бог, Алфа и Омега, началото и краят. Нямам нужда от нищо, за да съществувам. Кой помага на ближния ви, обещавам ви победа на земята и щастие на небето?

Жертвата за грях

Забравете всичко, което е казано по отношение на ритуалите за опрощаване на греха. Синът ми беше живата жертва, която използвах, за да те очистя веднъж завинаги. Възползвайте се от този дар и поражение веднъж завинаги злото около вас. Не си позволявайте да съгрешавате повече в нито един момент от живота си. Това е възможно за човека, когато той напълно се предаде на моята суверенна воля.

Какво е нечисто?

Нечистото е всичко, което има петно от грях и това се среща само при хора и демони. Няма нищо лошо в консумацията на здравословна храна. Не това, което влиза в тялото ви, ви замърсява, а язви, думи, действия и намерения, тъй като идва от сърцето.

Въпросът за болестта

Имайте болестите като процес на усъвършенстване на душата. Всичко, добро или лошо, трябва да мине през това, защото човекът наистина не е вечен. Ще останат ли делата ви и ако са лоши, какво ще даде човек в замяна на душата си? Отразявайте добре и претегляйте действията си, преди да е станало твърде късно.

Ритуални формалности

Когато ми се представите, елате с радост, удовлетворение и желание да научите моите стандарти. Не дискриминирайте брат си, защото той е по-малко представителен. Вие Бог ли познавате сърцето си? Знайте, че това, което наистина има значение, са вашите нагласи, характер и консолидирани ценности, които заедно формират човешката душа.

Въпроси, свързани със секса

Има някои отвратителни неща по тази тема: заявилия, педофилия и кръвосмешение. В допълнение, имат здравословна сексуалност и свободни от примеси. Ако сте женени или в стабилна връзка, уважавайте съпруга или партньора си и ако е така, уважавайте тялото си. Желая чисти слуги по всякакъв начин.

Направете всичко в правилната мярка

Бъдете сдържани, търпеливи, упорити и с правилната мярка за всичко. Всичко, което е преувеличение, унищожава и пречи на пътя ви към мен. По този начин престоят ви на земята ще бъде удължен.

Въпросът за хомосексуалността

Много се обсъжда въпросът в човешките общества. Ако искате напътствие, ще кажа, че за мен това, което е важно, е вашето щастие. Моля ви да не дискриминирате кой има различна сексуална ориентация, тъй като това е извън вашата собствена воля. Уважавайте го и му дайте подкрепата, от която се нуждае, за да може да живее с избора си. Сега е много рядко да се намери същата ангажираност сред тези от същия пол като тези от противоположния пол.

Тези в мрака

Спрете да критикувате другия и съдете себе си. Всеки възрастен носи своята отговорност. Ако не плащате разходите на другия, защо да се намесвате? Уважавайте индивидуалността му и вместо да го съдите, надявам се, че той намира най-добрия начин и го подкрепя в решенията си.

Да живееш в продължаваща благотворителност

Светът е голямо виенско колело и ако вашият съсед падне вашият дълг е да го подкрепите в мъка. Изпитвайте състрадание към когото и да сте, и Аз ще ви благославя много. Който не и да остане в бездействие, обещавам, че няма да чуя виковете ви за помощ в най-критичния момент от живота ви.

Отнасяйте се към другите, както очаквате да бъдете третирани

Независимо дали като шеф или като слуга, не поробвайте и не се възползвайте от добрата воля на братята си. Преди това се отнасяйте към всички с равенство и бързина. Винаги помнете моите наредби, предадени от светиите и не съгрешавайте.

Безусловна връзка

Аз съм Бог, вашият Бог и независимо от вашето поведение ще ви дам дъжд и слънце, храна и напитки. Действайте по този начин и с децата си.

Обещавам подкрепата си

Не се страхувайте. Аз съм вашият Бог, Който може да направи всичко и Който вижда всичко. Обичам те и ще постигна невъзможното в живота ти.

Праведните ще владеят земята.

В идващото царство ще събера най-преданите си слуги и ще ги превърна в командири на милиони. В тази нова епоха няма да има смърт, страдание, болка, тъга или нещастие.

Никога няма да те изоставя

Казвам ви, че независимо от психическото ви състояние и физическото ви състояние, няма да ви изостави. Аз съм вашият остроумен баща, който ви разбира дори пред лицето на провала с надеждата за подобрение или помирение. Аз съм твоята истинска любов и приятел. Винаги помнете това във всички ситуации.

Практикувайте прошка

Практикувайте прошка, без да спирате. Дайте всеки шанс на брат си да се възстанови. Въпреки това, ако той остане в грях, това ще бъде на свой собствен риск.

Равни права

Всички мъже са равни независимо от расата, социалната класа, пола, ориентацията или всяка особеност. Всеки трябва да има едни и същи възможности и едно и също лечение. Никой не е виновен, докато не се докаже виновен, но не забравяйте, че знам всичко и моята справедливост не се проваля.

Обичам те

Човечеството е пълно с грях и зло, но аз все още ви обичам, защото ви създадох. Имам безкрайно чувство за вас, в което никой ум не може да надникне. Вие един народ и едно тяло по заповед на любимите ми деца. Вярвайте в обещанието ми!

Увереността води до победа

Вземете моя пример: От малък мечтател в Пернамбуко

станах световноизвестен писател. Това прави мечтата ми сбъдната и ме прави велик човек. За ваше собствено добро, това ще ви бъде гарантирано като справедливост за вашите усилия. Но понякога не разбираме провалите и се отказваме от борбата.

Избрах те

Хей, вие, не бъдете тъжни, ако светът често ви разочарова и ви разочарова. Заповеди, които оставих през пророците ти, и тогава ще те заведа в земя, където текат мляко и мед. Освен мен и избрания от мен ще намерите истинско щастие, за което не може да се плати.

Ето, моето спасение ще бъде изпълнено

Въпреки че тъмният тъмнина иска да опустоши живота ви, справедливата винаги е безопасна. Аз лично ще се погрижа за вашето лично бъдеще и ще ви благославя във всичките ви дела. Ще те отърва от всякакво зло!

Истинското наследство

Фокусирайте се върху земята, за да правите винаги добро на ближния си, независимо кой сте. Добрите дела ще ви дадат право да участвате в моето бъдещо царство. Не поставяйте материални съкровища на земята, където молец и ръжда корозират и където крадците крадат. Аз гарантирам: Където е вашето съкровище, сърцето ви също ще бъде.

Сериозността на обещанията

Не обещавайте това, което не можете да дадете на никого. Вместо това, работете, за да разпознаете заслугите си. Човекът си струва думата.

Не искам повече войни

Стремете се да увековечите мира, диалога и хармонията помежду си. Войната носи само позор. Пазете човешката кръв, защото тя е важна за мен.

Опасността от изображения

Аз съм Бог, Всемогъщият и няма нищо във Вселената, което да може да ме представлява или да ме сдържа. Моите осветени деца също не желаят да бъдат представени за това, което чистотата може да се намери в глината. Аз съм дух и това, което ме храни, са действията на добрите хора.

Внимавай

Бъдете предпазливи с лъжливи пророци, които твърдят, че говорят от мое име. Гледайте плодовете си, защото ако са лоши, дървото също не е добро. Бог също не обвинява нищо подобно на мен. Не таксувам за защитата си. Не бъдете глупаци, за да попаднете в капан!

Търся добрия и верен човек.

Опитайте се да вървите по пътя си с честност, хариза, всеотдайност, работа, постоянство в провалите, помогнете да обичате страдащите. Искам праведният човек до мен да управлява с мен. Поправете грешките и се опитайте да започнете отначало. Ако вземете твърдото решение да ме последвате, обещавам, че цялото ви тъмно минало ще бъде забравено и ще започнем нова история. Дайте си шанс да бъдете щастливи.

Аз съм Бог

Вижте какво чудо на Вселената живеят и колко красиви, обширни и безкрайни са всички неща. Всичко това беше работата на ръцете ми! Нещата са страхотни, дори не можете да си представите колко по-голяма е моята сила. Така че не се съмнявайте, че ще мога да преобразя живота ви. Аз съм началото, средата и краят на нещата. Ще дам вечността на тези, които я заслужават.

Няма средно положение

Трябва да решите на коя страна сте. Или се присъедини към мен, или се разпръсне. Бунтовниците ще бъдат изгорени като слама в огненото море и праведните ще блестят като слънцето в царството на баща си.

Въпросът за послушанието

Аз съм полезен, любящ и разбиращ Бога. Въпреки това, аз изисквам изпълнението на моите закони, вярност и послушание да се отнася до моята суверенна воля. Аз съм този, който позволява дъха на живота в ноздрите ви. Бъдете скромни и прости във всички ситуации.

Ето и пътят на спасението

Ето, отново изпитвах съжаление към човешкото стадо. Чрез слугата си искам да стигна до него и да ги напътствам с цел спасение. Винаги го слушайте, защото той има моя дух. Те ще бъдат гарантирани щастие и успех. Ще ви направя истински победители. Тези, които печелят, са тези, които намират своята "собствена истина".

Не забравяйте произхода си

Вземете предпазни мерки момента на победата. Когато ви поставих сред великите, имайте достатъчно смирение, за да разпознаете кой сте и истинските ви приятели. За гордите ще ви снижа отново, за да не можете да се издигнете отново. Не знаехте как да бъдете благодарни в момента на възнесението.

Бъдете пример

Когато човек е достоен, той е пример за семейството и за обществото. Глупакът е позорът на майката и бащата.

Уважавайте свободата и вярата на всеки един

Не забравяйте, че толерантността е от основно значение за хармоничното съвместно съществуване в обществото. Ако брат ви мисли различно от вас, не го съдете, защото има безброй пътища, които водят до моето царство.

Помогнете на бедните

Нека сърцето ви съжалява за по-малко облагодетелстваните ви братя. Не бъдете достатъчно стиснати, за да мислите, че това не е ваш проблем, защото Бог ще ви държи отговорни.

Не се присъединявайте към лошите момчета

Опитайте се да се разбирате с природата на добрите хора и с доброто поведение. В никакъв случай не бъдете приятел на злите, извратените, клеветниците и магьосниците. Може би чрез тяхното влияние вие следвате същия път."

Действайте положително

Не се консултирайте с демони или оракули за каквато

и да е цел. Вярвайте повече в Бога, вашия Бог, и Той ще насочи живота ви по правилния път.

Ето, аз съм сред вас

Аз съм Бог и не мога да живея сред вас. За да разбера словото Се, ще изпратя слугите Се и те ще ви напътстват за Моята воля. Онези, които ме приемат чрез словото и изпълняват заповедите, ще бъдат възнаградени с небесното царство. Онези, които отхвърлят сина ми, ще ме отхвърлят, защото говори от мое име.

Зачитане на правата на другите

Като гражданин човек има права и задължения. Границата на вашето право е правото на другото и че трябва да има хармонична връзка между двете.

Опасността от езика

Езикът е малък, но изключително опасен орган. Именно чрез него излизат клеветите и клюките от живота на други хора. За да стигнете до Божието царство, изхвърлете всеки орган, който причинява скандал, или цялото му тяло ще бъде хвърлено в ада. Това означава, че трябва да го контролирате, за да не навредите на никого.

Специално съобщение

Хей, ти от другата страна, искам да говоря особено с теб от дъното на сърцето ми. Независимо от казаното в миналото, искам да кажа, че ви разбирам. Няма значение вашият политичен вариант, цвят, раса, етническа принадлежност, вяра или някаква специфичност. Всички са мои деца и аз имам отворени врати, за да ги приема в царството си. Така че този човек заслужава победи , а вечната почивка зависи изключително от вашия избор.

Пред лицето на греха просто плача

Ето, дадох ви свободна воля да вървите по свой собствен път. Ако едно мое дете умишлено се наведе към злото, аз само съжалявам. В нито един момент няма да ви принудя да направите нещо. Всеки от тях притежава себе си и последствията, които следват.

Любовта трябва да се живее пълноценно

Никога не бъдете с някой, който не те обича. Това би предизвикало страдание и разочарование, когато всичко свърши. Любов или като този, който наистина е на ваша страна.

Бъдете внимателни

Разберете мотивите на другия, дори ако те противоречат на вашата воля. Понякога нямаме всичко, нали знаете.

Истинското щастие ще бъде намерено на небето само за тези, които го заслужават.

Уважавайте стоките на другите

Не ревнувайте и не се опитвайте да се възползвате от стоките на другите, защото той е работил ден и нощ, за да го получи. Правете това, което той прави и се стремете да постигнете целите си и аз ще ви благословя.

Основни права

Всеки гражданин има право на здраве, образование, любов, достъп до пазара на труда, разбиране, добро обучение, подкрепа от обществото, свобода, политическо участие, здравословна среда и достойни условия на устойчивост. Не очаквайте само правителствата да действат по въпроса. Направете си справедливост.

Правото да бъдеш щастлив

Всеки мъж има право да се ожени, да построи дом със съпругата си, да има деца и да бъде щастлив. Но ако се случи да харесвате човек от един и същи пол и решите да живеете заедно, няма да ви укоря. Те също така представляват концепцията за семейството.

Практикуване на правосъдие

Когато съдите по даден случай, опитайте се да бъдете възможно най-справедливи. Баща ми е Бог, който наблюдава поведението на хората и ако те станат покварени, той ще поиска отчет за всеки извършен грях.

Право на земя

Ето, сложих мъжа и жената да култивират плевнята ми. Тази връзка обхваща всички изрични и имплицитни значения. Именно чрез това ще съдя всеки един от тях.

Почитайте паметта

Има някои специални служители, които се открояват в общността чрез своите произведения. Това наследство се предава от поколение на поколение. Децата трябва да почитат родителите си, като увековечат името си преди всичко. Това е дълг и право.

Не наранявайте другия

Всяко човешко същество, независимо от това, което е, има право на уважително отношение от всички. Толерантността, щедростта, приятелството, сътрудничеството и любовта са моите изисквания за влизане в моето царство. Затова няма да призная предразсъдъците заедно с мен.

Равенство, свобода и братство

Отнасяйте се еднакво към всички, независимо кой сте. Уважавайте свободната воля и бъдете братски с брат си.

Знайте как да бъдете благодарни

Не бъдете вярващ, който просто моли баща ви да ви благодари непрекъснато. Също така знайте как да работите за целите си и да бъдете благодарни за всичко, което вече имате.

Бъдете верни

Не се отклонявайте наляво или надясно, защото ако се провалите в религиозните си ангажименти, не изисквайте внимание и от бащата за проблемите си. Връзката с селекционера е двупосочна улица, където и двете трябва да бъдат удовлетворени.

Наградите

Не бързайте, ще имате този живот точно това, което го заслужавате. Ако сте били лоши, бунтовни, безредни, неверни, скромни, безсърдечни и глупави, бъдещето ви ще бъде море от огън и кал. Не мислете, че съм палач Бог, защото говори толкова строго. Аз съм любящ, любящ, разбиращ, деликатен, верен и справедлив, ще ви покривам с благословии през цялото време. Обещавам, че никаква вреда няма да стигне до къщата ви. Правя това в замяна на вашите добри услуги. Така да бъде.

Любовта ми е по-голяма от всичко

Погледнете земята и нейните жители: тя е пълна със зло, отчаяние, раздори, недоразумения и разочарования. Дори и така, пред малките праведни хора, които все още съществуват, ви благославям. Аз също не спирам да давам дъжд и слънце на всички. Отнасяйте се добре с приятел или враг и наградата ви на небето ще бъде велика.

Не се притеснявайте за непонятното

Въпреки че човек напредва в технологиите и следователно в откриването на мистериите на Вселената, той няма да може да разбере всичко. Има отвъд човешките способности и представлява самата мистерия. Достатъчно е да вярвате в моите чудеса и в моята добра воля.

Обкръжете сърцето си

По-важно от физическото обрязване е да се обреже сърцето и да се направи добро за всяка добра работа. Стойте далеч от вас завист, гордост, гняв, алчност, лакомство, приватизация, похотта и други злини. Това са Моите заповеди и те ще имат основа за къщата срещу всички бури на живота.

Нарушаване на доверието

Погрижете се да бъдете верни и полезни с вашия Бог и с тези, които обичате, защото след като доверието ви бъде нарушено, то няма да се върне. Ще има само пепел от това, което някога е било.

Нещата, които се отвращавам

Отвращавам клевета, клюки, злоба, предразсъдъци, нетолерантност, разделение, липса на любов и липса на вяра. Светът се нуждае от повече божественост.

Кой ме обича?

Едно нещо, което животът ме научи: истинската любов, която очакваме от света, не съществува, има само игра на интереси между хората. Истинската божествена любов, която можем да изпитаме от родителите (в някои случаи) и от Бога. И дори пред лицето на тъмният тъмнина, ви уверявам, че няма да ви оставя на мира. Просто вярвайте в името ми и следвайте заповедите ми, преведени в действия, които са от полза за другите.

Аз съм източник на живот

Аз съм Алфа и Омега, началото и краят. Аз съм могъщо дърво, което бурите не могат да преобърнат. Плодовете ми се виждат пред всички и свидетелстват за мен. Аз мога да бъда вашата сила в борбата срещу злото. Мога да те защитя, защото аз съм лъвът на Давид, единственият и единственият. Няма по-голям от мен в цялата вселена и ако искрено ми дадете живота си, ще се грижа за вас като за любящ баща. Името ми е вечно и мога да се нарека Месия, цар на царете, господар на лордовете, Христос, малък мечтател, син на Бог или просто любов.

Не вярвайте в шарлатаните

Често има много слухове за края на света и бих искал да изясня няколко неща. Няма за кого да се тревожим сега, защото краят на света не е близо. Ако имаше, щях да ти кажа. Продължавайте да увековечавате добрата работа на бащата. Животът на Земята ще остане за дълго време.

Не се отчуждава чрез религията

Вижте: че нито една доктрина чрез своите догми не влага страх във вас във връзка с моята воля. Тъй като те обичам толкова много, дадох ви свободна воля и дори да сте съгрешили, продължавам да ви обичам и да чакам добри новини. Аз не съм злобен и отмъстителен Бог. Всеки, който наистина ме познава, знае, че съм непостижима любов и милост.

Аз не съм Бог на войните

Моето име е живот, мир, хармония, сътрудничество и любов. В нито един момент не съм в средата на войни, конфликти или нещастия, защото те изобщо не решават нищо, служейки само като катапулт на властта за силните.

Човешката кръв е от голямо значение за мен. Загрижен съм за настоящите събития на насилие и начина, по който те изграждат все по-смъртоносни оръжия. Къде ще свърши човекът? Знайте, че абсолютно нищо не може да попречи на естествения ход на нещата, създадени от мен.

Бъдете рационални

Бъдете сигурни, че всичко, което живеете днес, е резултат от минали действия. Справедливо е това, което всеки получава. Ако се провалите, не ме обвинявайте или съдбата. Провалът е резултат от лошо планиране. Опитайте се да намерите решение на проблема си и да започнете отново или да промените стратегията и фокуса си.

Духът на единството

За да постигнете успех, е необходимо да култивирате сътрудничеството помежду си. Силата на единството е това, което води до реални промени. Имайте това предвид.

Отмъщението

Ако някой ви греши, простете. Това е най-доброто

средство за защита на проблемната душа. Отмъщението носи само лоши резултати.

Стойността на опита

Няма истинско учене без грешки. Когато се провалите, опитайте се да анализирате недостатъците, за да ги поправите. Продължете напред с новите очаквания.

Проявявам се в смирение

Исус е най-големият пример, че Бог се проявява в смирение. Въпреки че е крал на царете, той е смятан за син на дърводелец, живеещ в бедност през целия си живот.

Интригата

Не одобрявам разединение или обсъждане. Искам да насърчавате здравословен диалог и да се уважавате един друг. Създадох ви за съгласие, а не за раздори.

Опасността от власт

Първо търсете царството ми. Забравете стойността на материалните неща, властта, конкурентоспособността и алчността. Само тогава ще бъдете свободни да приемете Моите заповеди.

Опасността на коварния партньор

По-добре да си сам, отколкото в лоша компания. Какъв е смисълът да бъдеш с някого, ако този човек не те обича? Тя ще изчака първата възможност да ви предаде.

Изберете правилния човек

Не бързайте да се омъжвате. Имате необходимата зрялост, за да изберете добре партньора си. Въпреки че нямаме сърце, бъдете разумни. Останете с някой, който наистина ви цени.

Примерът на свещеничеството

Ако някой с фирма посвети живота си на изпълнението на моята работа, той трябва да се държи до тази мисия. Той трябва да бъде достоен, послушен, да се подчинява на моите закони, да е милосърден, разбиращ и посветен. Не използвайте тъмнината, за да се скриете. Изправете се пред света и бъдете себе си. Много по-добре е, отколкото да лъжеш себе си, защото никой не ме мами.

Божият проект

Ето, аз поставям знамение между вас и избраният ще говори от мое име. Той не е нито най-великият, нито най-силният от хората, но е най-сладкият и най-красивият. В него мисълта ми ще се разкрие на света, както никога не съм виждал. Кой е той? Името му е мистериозно и вечно.

Бог е суверен

Аз съм Бог, единственият всемогъщ. Няма нищо и никой не може да бъде сравним с мен в цялата вселена. Моята суверенна воля трябва да бъде изпълнена във всички съществуващи измерения.

Ще те накарам да триумфираш

Пред лицето на трудни и гигантски препятствия, повярвайте в мен, че ще дам вашата победа. Силата на човека не е в оръжие или в мускулни ръце, а в моя полза. Видяхте ли какво направих в миналото за Израел? Тя се изправи срещу най-могъщите нации, но като бях избрана от мен, го накарах да триумфира над всички врагове. Така че, аз също ще го направя за справедливо, независимо от вероизповеданието, религията, етноса, местоположението или всяка специфичност.

Не всички адове могат да ме победят.

Знам точно през какво преминаваш. Има толкова много страдания, изпитания и предизвикателства в живота ви, че обезсърчението често е в душата ви. — Не се страхувай, сине мой. До вас е лъвът на Давид, чистият дух, изпратен от Бога. Пред мен няма сила, кралска особа или сила, защото Аз съм цар на царете и господар на лордовете. Въпреки че целият ад го нападна, това не може да му навреди, защото бих го защитил със славата си. Развеселете се, бурята ще мине и спокойствието ще пристигне. Нищо не е вечно на този свят, освен думите ми.

Любов

Любовта е най-силното чувство, което съществува. Това ни прави пълни и прави съществата по-съвършени. Любовта е много повече от докосване, привличане или удоволствие, това е духовно. Не можеш да видиш любовта или мен, но можеш да я почувстваш. Това е привилегия на редките души.

Няма значение дали е реципрочен, приет или разбран. Просто обичайте и го покажете на света. Не се страхувайте, ако обектът на любовта е човек от един и същи пол. Любовта не избира секс, сексуална ориентация, социално-икономически или политически статус. Просто се случва.

Може би човекът, когото обичам, никога няма да прочете това, но ще бъде вечно в сърцето ми. Няма значение дали животът ни разделя или вече не се виждаме. Любовта ми е вечна и абсолютна. Това, което чувствам за него, е чудесно, не е токсичната връзка, която много хора представят.

Не ми казвайте, че изпълнението е да се оженя и да имам деца, защото не вярвам. Това е просто социална конвенция за хетеронормативност. Много хора се женят и са напълно недоволни от партньорите си. Да бъдеш щастлив е нещо по-интензивно и вътрешно. Да кажем, че другият е допълнение, но можем просто да бъдем единични и да сме добре. Да бъдеш щастлив е съзнание за духа.

Накратко, да обичаш означава да приемеш другия с техните дефекти и качества. Да обичаш означава да дадеш свобода, необходима така, че ако това е така, другият да може да следва пътя си и да бъде щастлив. Следователно да обичаш е отказ и щастието на нашата любов ще ни направи неизмеримо добро. Да обичаш е върховно. Ако обичам, съществувам.

Когато Давид свърши да говори със Саул, Джонатан стана любител на Давид и Джонатан го обичаше като себе си. На този ден Саул задържа Давид и не го остави да се върне в бащиния си дом. Джонатан сключи завет с Давид, защото го обичаше като себе си. Джонатан свали дрехата, която носеше, и я даде на Давид, заедно с дрехите, меча, лъка и колана си. (1 Сам 18:1-4)

Кой обича да защитава и да се грижи?

Много хора твърдят, че обичат другия, но често те са просто празни думи. В първия момент на несъгласие, опасност или презрение те се отдалечават и забравят какво казват. Истинската любов са уникални моменти. Кой обича също разбира причините на другия и чрез диалог се опитва да влезе в помирение? Истинските любовници дори могат да се разделят физически по една или друга причина, но те винаги ще бъдат свързани чрез ума и сърцето.

Възможно ли е да се възстанови?

Животът отнема много завои. В един момент човек е пълен с щастие, благоденствие, победи и успех, а в друг момент позорът пада като стрела, унищожавайки всички взаимоотношения в живота си. Какво да правим в такъв критичен момент? За да анализирате настоящата ситуация, опитвайки се да разберете причините, довели до падането й. От този анализ се опитайте да премахнете отрицателните точки, за да ги излекувате и положителните точки, за да се огледало. Като предприемете правилните действия, можете напълно да се възстановите от болката си и да се опитате да продължите живота си. Това абсолютно нищо не е съвършено или изградено и тази вяра движи планините. С Божията благословия, ден след ден, вашето съществуване ще бъде напълно подновено.

Мисията на човека

Ето, сложих човека на земята, за да се грижи за нея и нейните събратя. Някои с големи или малки мисии обаче са важни за мен. Вярвайте в моето име и аз ще мога да правя чудеса в живота ви.

Опитайте се да се отървете от негативните мисли, които засягат сърцето ви. Знайте, че дори голямото зло има своя положителен аспект с важни уроци, които трябва да бъдат научени. Знайте как да се учите в болка и да бъдете благодарни за победата. Имайте оптимизъм, креативност и планиране, за да успеете. От моя страна ще ви благославя много.

Никой не лъже Бога

Човекът прави много проекти в сърцето си. Нито един от тях обаче не е непознат за мен. Ето защо, не искате да се обличате в фалшива чест пред всички, защото тук е кой го познава напълно и не е заблуден. Ако имате дъх на живот и аз ще ви платя своевременно. Който сее доброто, жъне доброто и обратно.

Няма да има повече несправедливости
"Кълна се в Себе Да, Милостивия.

Как да действам?

Как бихте отговорили на нагласите на определен човек, който мисли само да ви нарани, да ви преследва и да ви мрази? Бихте ли отвърнали в същата мярка?" Мисля, че това, което повечето хора биха направили. Въпреки това, отношението, което Бог иска, е отношение на разбиране, любов и прошка към вашия съсед, приятел или враг, толкова често, колкото е необходимо. Само по този начин ще покажете, че превъзходството на духа ви е свързано с другите.

Сигнал

Ето, избрах от много милиарди сина си, за да може думата ми отново да бъде разкрита. Той не е нито най-силният, нито най-красивият човек, но е най-мъдрият. С него ще бъде моят дух, увереност и сила. Чрез Моите заповеди човек ще бъде спасен.

Гибелта

Неизбежно повечето души ще бъдат загубени заради дребнавите си нагласи. В момента злото царува в света и е рядко да се намери някой с моя дух. Ето защо винаги съм в траур и стремеж да спася малкото, което ми остава.

Кой съм аз?

Аз съм доброто в човешка форма. Аз съм алфа и омега, първата и последната, началото и края, аз съм всемогъщ, всезнаещ и вездесъщ. Аз съм месия, или просто Божествен към интимния. Аз съм любов, справедливост, доброта, прошка, милост, толерантност, разбиране, аз съм легионът от светци и ангели, аз съм богинята на Майката, известна още като Дамата на душите. За мен няма невъзможен термин и затова никога не съм се отказвал от мечтите си. Тук съм и дори да не ви познавам лично, аз съм вашият голям приятел в най-трудните времена. Познавам страховете ви, тревогите ви и обещавам да ви помогна да бъдете истински победител. Вярвайте и вярвайте в името на баща ми. Също така вярвам в мен, защото няма по-голям от мен в цялата вселена. Вашата победа рано или късно ще се случи. Така че, продължавайте с надежда дори и в най-дълбоката тъмнина.

Писмо до сина ми

Тук съм синът ми, за да го подкрепям и утешавам в този много труден момент. Познавам вашите работни места, притеснения, кошмари, страхове, разочарования и тази вътрешна воля, която се грижи за вас, ви моли да се откажете от живота. Ето, преди да си твой господар. Той е по-голям от всичко, което ви се случва в момента. Искам да живеете и да преодолеете трудностите си. Най-смелите мъже. Винаги ще има страдания, предизвикателства и провали в живота ви. Това, което ще се промени с моето присъствие, е начинът да се справя с тях. С мен винаги ще бъдете оптимистични, упорити и посветени на вашите проекти. Ще разберете, че може би не винаги имаме всичко, освен това, което получавате, трябва да бъде благодарен на баща ми. Продължавайте да практикувате моите заповеди и благословиите ще паднат върху вашето семейство. Първо потърсете моето царство и всички други неща ще бъдат добавени към него.

Има време за учене в живота на всеки човек, наречено "Тъмна нощ на душата". Това е период на грях, дезертьорство, отчаяние, тъмнина, който никога не свършва. Това обаче все още не е краят. Моят ангел и той ще ви извади от калта и ще покаже светлината ми. Ако ме приемете за ваш личен спасител, аз ще преобразя живота ви по такъв начин, че да успеете и щастието. Ще живееш в общение с мен и ще разбереш точно какво искам за живота ти.

Връзката между вярващите и техния Бог

1. "Ето, аз съм вашата надежда, укрепен град, който врагът не може да достигне или свали. Елате, сине мой, не се страхувайте от никаква вреда. Всичко е

решено и в рамките на моето планиране. Ето, аз съм търпелив и знам вашите пътища от самото начало. Мислиш ли, че не страдам, за да те видя да падаш, да ме предадеш с идоли и да ходиш в тъмнина? Тъй като създадох всичко, знам, че това е само преходна фаза. Знам, че болката ще ви донесе при мен, защото аз съм единственият отговор на вашите проблеми. Аз съм Бог и това име има сила като никоя друга. Вярвам в името си и в децата си. Ето, ще ви чакам с отворени обятия, докато е необходимо."

2. "Нищо не може срещу мен. Аз съм най-мощната сила, която съществува в цялата видима и невидима вселена. Затова не се поддавайте на друга власт освен мен. Никой никога не те е обичал. Грижа ме е за теб, във всяко страдание, болка, катаклизми, отчаяние, непостоянство и провал. Аз съм вашият Бог и единственият, на когото може да се вярва, че пази тайните ви. Аз наистина съм твоята скала, щит и крепост."

3. В лош момент съм. Признавам, че съгреших, господарю, сблъсквайки се със закона и вашата суверенна справедливост. Животът ми сега е напълно тъмно, обвит в предателство, гордост, погибел, тъмнина и грях. Когато се предам напълно на смърт, се появява голяма изненада: вместо да ме осъжда, царят на царете ми прости и ми даде шанс да се променя. И ме събра в плевнята си като блудния син. Той ме научи, че минала болка вече не съществува и че вярва в мен. Този кредит на

някого е критичен в труден момент. Върнах се да вървя в светлината. С новите ми ценности моето съществуване се промени напълно и сега виждам само щастие, увереност и надежда около мен. Аз съм Божият Син в истината. Мога да предам тази добра новина на всички грешници на братята ми. Вярвайте, че ако той промени живота ми, той може да направи същото с вас. Повярвайте в това, братя!

Всъщност, когато човечеството открие истинското значение да помага на другите, то ще се доближи до съвършенството. Докато човешките умове са егоистични и търсят взаимна система за обмен на услуги, аз съм отвъд това. Злото, справедливото и несправедливото присъстват и няма да пропусна да отговоря на призива ви за по-добри условия на живот. Когато ви дам слънце и дъжд, ви давам на добро и лошо, без да изключвам никого. Направете същото и за приятелите и враговете. Ако направите това, наистина ще бъдете мой син и небето ще ви бъде дадено като справедливо възнаграждение.

5) Враговете ми се събират в тайно споразумение срещу мен и семейството ми. Ето, те са многобройни и могъщи като бойни танкове около мен от всички страни. За мен, ти си. Дори ако целият ад се издигне срещу мен, не бих рискувал никакъв живот за Господа на лордовете да вземе моята кауза. Името му е свято и увековечено от поколение на поколение. За Него всяка чест, слава, блясък и поклонение с право!

Молитва на 30-те

Моля ви за вашата лична защита, Господи Бог във всичките ми лични и професионални дела. Точно както тридесет смели войници защитиха Давид от опонентите му, нека тридесет ангела от вашата гвардия обкръжат пътищата ми: осем на север и юг, седем на изток и на запад. Нека нищо не избяга от вашата божествена светлина и вашето вдъхновение напълно да запълни моето същество. Мога ли да знам как да предприема правилните стъпки към личния си успех и в сътрудничество със съседа си. Мога ли да усетя болката на всеки един и по някакъв начин да се опитам да променя неблагоприятната ситуация. Точно както правя добре, когато светлината обгражда проектите ми. Нека остана безусловно във вярата във вас и в един по-добър свят. Амин.

Състрадателен бог

Аз съм същността на Земята, духът, който духа от там до там, но никой не знае откъде идва или къде отива. Аз съм произходът, средствата и краят на всичко. Понякога съм бил записван в човешката история като отмъстителен, злобен и нетърпелив Бог, но всичко това е грешка. Дори и да не съм такъв. Аз съм върховен и еволюирал по такъв начин, че никой човешки или ангелски ум никога няма да разбере. Тези, които ме познават, са моите любими деца. С техния пример те демонстрират, че аз съм любов, милост, разбиране, справедливост, прошка, съюз, сътрудничество, толерантност, приятелство, доставка, дарение, власт, слава и благотворителност. Не се заблуждавайте от лъжливи пророци, които искат само да се възползват от вярващите.

Начинът да действаме, който Бог иска

Докато хората търсят своята слава и падението на враговете, аз търся общото щастие на всички. Правете това, което правя. В най-трудния момент се опитайте да обичате врага, сякаш са приятели. Всъщност, ако направите това, ще имате пленено място на небето, тъй като командир на милиони за моя дух е с вас, някой, който се интересува от добро и лошо.

Човешка кръв

Как ме боли, колко кръв се пролива в мое име, за власт и заради гнева на хората. Ако знаехте само стойността на живота, те нямаше да действат по този начин. Проклет да е този, който убива ближния си по някаква причина! Нека гневът ми падне върху главата му и той да няма мир през деня или нощта до края на живота си. Това е тяхното царство.

Двете проститутки и случаят със спора на момчето

Този практичен пример ясно демонстрира любовта на майка, която може да се откаже от собствения си син, за да запази живота си. Така Бог също действа с нас. Въпреки че знае, че далеч от него ще бъдем в опасност и нещастни, той уважава нашия избор. В този момент цялото ви минало, колкото и тъмно да е то, ще бъде забравено. Това е обещание от баща ми.

Храм за мен

Аз съм Бог и не се занимавам с дела, направени от човешки ръце. Храмът трябва да бъде място за спомени и молитва като всяко друго място. Стремя се да живея в добри човешки същества и затова изисквам непорочна праведност от слугите си. Търсете Моите заповеди и ще станете храм за Светия Дух.

Въпросът за жертвоприношенията на животните

Аз съм Бог на живота и не позволявам моето поклонение да бъде свързано със смъртта на невинни животни. Ето, целият живот е важен, от ниска бактерия до най-висок от мъжете. Животът за мен е свещен и не трябва да се губи по никакъв начин.

Няма никой като мен

Този човек не следва идолите и не вярва в тях, защото има само една сила, способна да спаси и тази сила съм аз. Аз съм този, който дава победа на воините и в провали аз съм вътрешният глас, който ги утешава. Аз съм помощната ръка, която помага на безработните, сирачето, вдовицата, необичаните и бездомните. Сила, която възстановява съюза им в трудни времена. Аз съм любовта на майката, която никога не спира. Това е резултат от техния избор.

Обещание

Ще изпълня обещанието си пред вас, само че винаги ще дам успех, щастие, духовно състояние и защита от ангелите. В замяна неверниците ще изчезнат от земята и ще обитават езерото на огъня и камъка, което е било предназначено за тях от самото начало. Не ме приемайте като тиранин Бог, аз съм справедлив. Овцете и вълците не могат да живеят на едно и също място. Ето, Аз съм небесният пазач на чистите души, смелият на Давид. Ще воювам с ангелите си срещу съблазняването на Сатана и ще го победя веднъж завинаги. Времето му е към своя край и затова той изпитва много към доброто и към избраните.

Имате стойност

Не се омаловажавайте и не се обезмаслявайте пред врага. Знайте, че вашата стойност е безценна за мен. Всяко качество е оценено и аз насърчавам човешките същества да коригират своите дефекти, като винаги се стремят да се развиват. Това е смисълът на живота, заедно с любовта. Ако вашите проблеми, вашите страхове, вашите разочарования, разочарования, разочарования и нужди. Аз съм вашият Бог и го познавам напълно. Работете интензивно с оптимизъм, имате добри семейни отношения, с приятели и особено се доверете на името ми. Аз съм единственият, който няма да ви изостави който и да сте. Винаги ще подхранвам надеждата ви, така че когато дойде времето, да осъзнаете мечтите си.

Къде е вярата?

Праведният човек трябва да има отвъд делата непоклатима вяра във всичко, за което стоя. Тази вяра е представена чрез молитва. Това е тясната връзка между създанието и създателя, където мога да ви слушам и да анализирам възможностите. Вие не сте малки, вярвайте в това. Не е необходимо посредничество на светците, за да общуват с мен, но ако го направите с желание, не ви съдя. Просто искам да кажа, че трябва да сте достатъчно уверени, за да отворите желанията си директно към мен, както във връзка баща-син.

Молитва на справедливостта

Господи Боже, максимална сила, която циркулира във Вселената, ви моля за проницателност, така че моите действия винаги да са добри и в сътрудничество за доброто на другите. Не ми позволявайте да поема по лош път и да изкривявам правата на малките на този свят. Също така искам успех в усилията си до степента на заслугите си. Нека скитникът не заеме мястото на работника на масата ви и вашите присъди да изплатят това, което всеки прави на земята. Накратко, не позволявайте увековечаване на грешката във всеки случай.

От Египет се обадих на сина си

Всеки, който има името си, написано в книгата на живота, ми принадлежи и дори и да се разпръсне в момент, практикувайки несправедливост и живеейки тъмнината на ценностите, ще го направя по такъв начин, че сърцето им да се върне при мен и ние ще бъдем помирени. Виждате ли Израел в Египет? Силна ръка, освободих децата си от робството и им дадох просторна земя, където текат мляко и мед.

Едно обяснение

Някои скромни мъже, живеещи в бразилския интериор, обикновено коментират помежду си за режима на валежите и ми приписват тези функции. Тук искам да обясня, че земята вече е предварително програмирана в своите атрибути и не се намесвам в природни събития. Какво ще кажете за човешкото същество, ако остава милиони да страдат без храна или вода? Не, тази концепция е напълно погрешна. Дръжте правителствата отговорни за неизползваното на превантивни мерки, които смекчават последиците от сушата или наводненията. С напредването на технологиите вече е възможно да се предскажат средните валежи за годината и да се подготвят.

Войните

Войните служат на целите на великите на земята, търсещи повече власт. Пожертваните животи, проляха човешка кръв и унищожените семейства са последствия от това. Нито одобрявам, нито съм Бог на войните. Аз съм принцът на мира. Не изпадайте в трета световна война, защото поради вече съществуващите смъртоносни оръжия последствията ще бъдат непредсказуеми.

Все още вярвам

Милиони са отвратени от мен да убивам, крада, изневерявам, изнасилвам и извършвам други подли действия. Ето, аз се правя на разположение, за да ви слушам и да ви насоча към моя Път. Няма невъзможен случай за мен. Все още добро семе на път да покълне, защото никой не е напълно лош. Това, което има хора, разочаровани от това, че не постигат личните си цели и затова се концентрират върху практикуването на лошото, сякаш целите оправдават средствата. Душата ще отрази и разпознае бездната, в която е паднала, и именно в този момент искам да ви дам моята подкрепа и моето доверие. Ако искрено се покаете за греховете си и търсите промяна, Аз ще ви направя изкупена душа. Всички минали ще бъдат забравени и ще напишете нова история, изпълнена с надежда. С доброто, което все още ще правите, ще платите целия си дълг и ще влезете в царството ми през входната врата, защото искам да спася всички.

Имайте вяра

Ето, аз съм тук, за да ви чуя и да ви напътствам, Аз съм вашият Бог. Решихме най-сериозните ви недоразумения. Вярвайте, че като се позовавате на името ми, ще имате конкретен отговор, свързан с вашите стремежи.

Дребнавостта на човека

Дори ако човек с усилията си постигне богатство, достойнство и великолепие, той все още не е в безопасност. Ветровете и бурите няма да могат да се сринат. Обещавам щастието на земята на праведния, който уважава името ми, а не на този, който се прославя с това, което има, защото истинските блага са тези, които представляват делата.

Не се поддавайте на злобата на врага

"Много пъти страдаме от преследване от зли духовни същности. В тези възможности трябва да покажем нашата вярност, сигурност и вяра в Бога. Предпочитам да бъда провал в Бога, отколкото победител с демонстрацията, защото провалът може да се превърне в победа в точното време, като по този начин изпълним плана на Господ в живота ни.

Лъвът на Давид

Всичко е според волята на баща ми. Колелото на живота се върти и тези, които са с мен сега, няма да бъдат там за известно време. Ето, дойдох на земята, за да ви донеса мир за най-висшия, който ще възстанови изгубеното царство над поколенията.

Аз съм легионът на добрите духове; Аз съм върховната любов, която слезе на планетата, за да събере бездомните овце. Има значение дали ще бъда отхвърлен отново, който прави това, няма името му, написано в книгата на живота. Слугите ми ще ме познаят и ще повярват в името ми.

Моето царство е място на мир, спомени и неизмеримо щастие. Това е мястото за останалите праведни. Ето, Аз ви каня да участвате в неговото вероизповедание, към което принадлежите. Това, което търся, са хора, ангажирани да служат на другите за доброто и еволюцията на планетата. Кой е вашият съсед? Те са тези, които най-много се нуждаят от привързаност и внимание, като болните, сирациите, вдовиците, бездомните хора, проститутките и всички потиснати малцинства. Същото е и с мен.

Панаирът не изопачава

Моята радост е да служа на господаря си, да изпълнявам неговите правила, предписания и винаги да се стремя да правя добро на другите. Нищо на този свят не може да плати или купи това постижение. Парите за мен са просто средство за оцеляване, не повече от това. Лошото нещо може да стане добро според съдбата, която му е дадена. Следователно, ако Бог ви е дал условията, използвайте материални блага, за да помогнете на най-нуждаещите се.

Кажете "не" на идолопоклонството

Аз съм Бог. Аз съм началото, средата и краят на всички неща. Всичко е създадено за добро и за добро. За голямата ми любов към съществата позволих свободна воля, за да могат човешките същества да направят своите планове. Това беше причината за злините, но това също беше в планирането.

Никой не ме познава освен любимите ми деца и чрез тях ви говоря. Това, което дълбоко ме дразни на земята, е сляпата идолопоклонство на неспособността на Битието да трансформира взаимоотношенията. Как един сляп човек ще води слепите? Да бъда видян в моите творби. Всъщност няма сила, сила или власт освен мен. Аз съм всемогъщ, всезнаещ, вездесъщ и без сантиментален. Аз съм Богът, Който спаси Израел от египетското робство. В речника ми няма дума невъзможна. Независимо от страха си, поверете проблемите си на мен и те ще имат бързо решение не според вашата воля, а според съдбата, подготвена за нея.

Бог ще осигури

Ето, в един регион на Израел имаше разведена жена и двете й деца. Тази жена винаги се страхуваше да приложи на практика своите предписания и закони. Във времена на добро изобилие тя винаги взимаше предпазни мерки и оставяше резерват до края на годината. Въпреки това, тази година имаше несигурност на дъжда, а реколтата беше оскъдна. От останалите шест месеца суша имаше само храна в продължение на три месеца. Ситуацията стана несигурна в цялата страна и с всеки изминал ден надеждите на вдовицата свършиха.

В седмицата, когато храната й изтичала, беден просяк пристигнал в къщата й, чукайки на вратата й, молейки за храна с вода. Вътре, поради малкото му условия, за да може да помогне. Беше много труден избор между просяка и оцеляването на децата му. Оставам това, което имам, без да мисля за последствията.

След благотворителност просякът си тръгна, благодари й и благослови постижението й. Онзи ден тя отишла да търси някаква професия, която да й даде минимум оцеляване. Тя претърсва селата близо до резиденцията си. Никой не може да й помогне, защото страда от същите трудности. Тя се върна у дома тъжно и подаде оставка до края.

На половината път у дома, тя се почувства пуста в средата на гората, без да има смелостта да се прибере у дома и да гледа мъченичеството на гладните и жадни си деца. По време на арматурата си една ръка я докосна и нежно я помоли да се издигне. След това той общува с нея:

— Не се страхувай, дъще. Видях какво направи за този просяк. Добрите му дела достигнаха ушите ми на небето. За това няма да има нито храна, нито напитки за вас и цялото ви семейство, ако живеете.

"Как ще бъде това?"

"Накарах ангелите ми да облеят килера ви с продукти, дарени от моите верни слуги в цялата страна. Не е нужно да се притеснявате за храна или напитки. Просто следвайте моите предписания и всичко с вашата работа ще бъде добавено.

"Вярвам!

"Продължавай да помагаш на овцете ми.

Мъжът изчезнал от предната й страна като дим. Тя продължи пътуването си уверено, щастливо и обнадеждаващо. Пристигайки в жилището си, тя намира децата си щастливи да кажат, че мистериозен търговец е направил няколко доставки на храна, оправдавайки, че това е подарък, изпратен от краля. Тя потвърди, че доставената храна е достатъчна, за да ги поддържа поне една година. Тя беше със същото мислене като тази вдовица.

Малко светлина по време на тъмнината

Откакто бях млад, търсех пътя на Бог на армиите в ангажимент към техните закони и наредби. През цялото това време ви служа, не ми липсваше нищо, свързано с храна, напитки и интелигентност. Вие сте щедри, разбиращи, мили и винаги ме поставяте в безопасност. Аз съм вашата малка светлина по време на тъмнината, защото наистина повечето хора по света са се превърнали в кладенец на зло, егоизъм и лъжа. Срещу фалшивия морал се боря за справедливост, солидарност, достойнство, свобода и любов към другите. Аз съм стрелата, която води до страна на изкушения, където истинската стойност на едно човешко същество се измерва с неговия характер и работи, докато в света законът за властта, богатството и влиянието управлява. Следвайте ме и вярвайте в Бога, защото Той има думите на живота.

Човекът жъне точно това, което е посял

Ето, Аз съм щедър, мил и милостив Бог. Но ако човек търси само зло, наранявайки ближния си и действайки в негова полза, се заклевам, че няма да бъде без наказание. Всички неверници са мои врагове. Въпреки това, ако все още има шанс за възстановяване, колкото и малък да е той, ще пощадя живота им.

Консултации със зли духове

Тези, които търсят зло, за да опознаят бъдещето си или това на другите, нямат одобрено от мен поведение. Ако имате нужда, потърсете семейството или приятелите си, за да изпуснете и да говорите за страховете, срама и стремежите си. От мъжете зависи да упражняват своята полезна роля в обществото без големи притеснения. Аз съдя всеки един от вас и ви давам подаръците, заслужени от вашите дела. Ако наистина искате да се консултирате с някого, говорете с мен. Аз съм вашият вътрешен глас и ще знам как да ви слушам с търпение и да ви напътствам. Аз съм вашият Бог и мога ефективно да правя чудеса в ситуации, които може да го изискват. Вярвайте в мен, в моята суверенна сила и любов.

Паметта ми ще остане завинаги

Животът минава бързо и затова бързам да изпълня волята на господаря си. Не дойдох сам, някой началник ме изпрати на този свят, за да мога да предам думата му точно както е написано. За тези, които са тъмнината, и аз идвам да донеса божествената светлина. Искам да популяризирам общото благо, така че добрите заповеди да надделеят сред хората. Хората ще разпознаят модел, който трябва да се следва, напълно одобрен от бащата. Ще ме нарекат благословен.

Целта ми е да разширя волята си и волята на баща си по целия свят. Стрелите, които ще проследя, и моите учения ще дадат мир и надежда на душите, измъчвани и обезпокоени от бурите на живота. С всяка спечелена битка, вкусът на победата ще доведе до още по-голяма готовност да продължи напред. Движейки се напред, човешките същества ще постигнат постижения и ще извлекат наградите. Най-големият ми плод на тази земя са моите дела, които съдържат думите ми и тези на баща ми. Тази работа ще остане завинаги.

Семейна стойност

Семейството на кръвта или сърцето е благословия за индивида. Те са хората, които са най-скъпи за него, участващи във всички важни моменти от живота си. Култивирайте благополучие и хармония със семейството си. Също така разширете обхвата си от взаимоотношения, създавайки истински приятелства. Ако другият не оттовори, не настоявайте. Имате достатъчно любов към себе си, за да разберете къде точно ви харесва.

Ще преобрази живота ти

Името ми е всемогъщо и нищо не е невъзможно. Със свободната воля на човешкото същество мога да действам и да трансформирам тънкия жлъчка в чистотата на детето. Аз съм светлината на света. Нищо няма да му се отрази и победата над враговете на земята.

Чудото

Аз съм в света, присъстващ в сърцата на добрите хора. Аз живея и ще живея вечно сред вас. Не ме търсете в далечно небе, аз съм със смирените, в срещите, където се проповядва словото ми и сред великите, които се опитват да им повлияят на кладенеца. Едно листо няма да падне от дърво без мое съгласие, което не означава, че това оправдава злините. Злото идва от лоши сърца и плаща последствията си своевременно.

Въпреки че постоянно действам, понякога трябва да правя чудеса, за да убедя твърдите сърца, че съм Бог. Все още ги изпълнявам, за да коригирам несправедливостите и да насърчавам доброто.

Здравето

Животът е голям дар от Бога. Ние сме създадени,

за да си сътрудничим за общото благо и еволюцията на планетата, която все още е в хаос. По този път имаме победи, поражения, моменти на щастие, слабост, отчаяние, стабилност, нерешителност между другите. Да знаеш как да се справим с всеки един от тези фактори е от съществено значение за добрия престой на земята. Несъмнено най-лошият момент, на който сме подложени, е болестта, която често наказва душата по много болезнен и жесток начин. Пожелавам на себе си и на съседа си е да съхраня здравето, защото да имаш по-лесно да се бориш за останалото. Когато дойде времето ми, искам да умра здрав поради естествени причини и имам пълна вяра, че ще бъда посетена.

Възползвайте се от Господа

Ето, Аз разпределям даровете си справедливо и заслужено между слугите Се. Целта ми е те да действат по начин, който да си помага взаимно да се развиват. Истина ви казвам: прокълнете този, който върши това. Когато бях на земята, никога не изисквах от вас дори стотинка в замяна на моята помощ или чудеса. Никога няма да изиграя такава роля. Няма богатство на този свят, което да плаща за любовта ми към човечеството.

Съдба

Съдбата е разделена на две основни разбирания. Едното е, че бъдещите събития са последици от вашите действия и планиране за настоящето, а другото е планираната съдба, която ще трябва да се случи по един или друг начин.

Убиецът

Всеки, който се отклони от естествения ход на живота, независимо от оправданието, ще бъде прокълнат от Бога. Където и да отиде, той няма да има мир ден или нощ и плодовете му ще бъдат лоши. Дните му ще бъдат съкратени на земята и ако той не падне от кръв, той ще падне от измяна.

Към управниците

Обещавам благословията и напътствията на властите справедливо и се страхувам от името си. Ще осигуря богатство, просперитет, стабилност и добра администрация. За бунтовниците ще позволя тяхното падение и упадък.

Любовта може да се превърне в

Ето, Аз съм господар на всичко. Имам безкрайна любов към всяко от тях, което се генерира през червата ми. Въпреки това, ако някои от тях се заблудят и не разпознаят славата ми, аз ще се отнасям към тях по същия начин. Ще ги предам на силата на ужилването на смъртта. Ще позволя разрухата им, докато един ден от собствената ви свободна воля не искате да промените. На този ден отново ще бъдеш като син за мен.

Потомството на Христос

Месията беше моят инструмент за постигане на изкуплението на човечеството. Неговите потомци са разпръснати тук и там увековечават паметта му от поколение на поколение. Те ще обитават земята, ако животът продължава да провъзгласява славата Му и словото Му.

Търсете истинско щастие

Някои хора се фокусират върху преследването на лично удоволствие, богатство, власт, социален статус, влияние и политики в тяхна полза. Наистина ви казвам, че нито едно от тях няма да доведе до пълно щастие. Вашето щастие е мястото, където се крие вашето съкровище и ако това е да направите моята воля, всички други неща ще ви бъдат добавени със заслуги.

Вярвате ли?

Животът е голяма плетеница от объркване и недоразумения. Често това строго наказва просто да ги оставят без практически нищо. Какво да правим в тези ситуации? Не трябва да се отказваме и да се предаваме на провала, това е за слабите. Малък мечтател, аз съм жив пример за това, което невъзможното не съществува. Дори в лицето на тъмна нощ на дълбоката душа, баща ми ме освободи и ме направи истински победител. Ако искате, мога да му дам и кредит за доверие. Ще се случи същото с вас, ако вярвате в това, което проповядвам и в святото име. Можем да започнем от нулата отново, да изградим нова история и да бъдем щастливи.

Искам да се моля за теб

Ако се чувствате обезпокоени и се нуждаете от небесна защита, мога да ви помогна. Хората постоянно ме молят да се моля за тях в трудни ситуации и резултатите са окуражаващи. Какво не би направил бащата за детето? Ако вие, които сте лоши, вече давате добри неща на децата си, представете си небесния баща, който е свят? Просто ме попитайте. Така че, всеки ден ще се моля молитвата по-долу, като наредя на моите същности, които ги защитават.

Призовавам ви, Мигел Архангел и подчинени легиони, за да ни предпазите от всякакви материални и духовни несгоди. За царството, властта и суверенитета на Бога ви моля за бързи действия в борбата с враговете на тялото и душата. И нека вашият лек и пламтящ меч бъде гаранция за това. Особено моля ангел-пазител да защити така и така (казвайки името на човека) и да го придружава в дейността си на земята, така че когато се препъне над камъни, да може да се издигне и да даде славата на Бога заедно с вас. Амин.

Не бъдете несправедливи

Животът е направен от добри и лоши моменти, които понякога болезнено нараняват човешката душа. Често срещано е сред хората да казват, че това е моята воля. Тук ви казвам, че това е огромна несправедливост. Това, което се случва, са злополуките на съдбата, за които не нося отговорност. Това, което искам за децата си, е успех, здраве и щастие и всичко, което е лошо, не е моя работа.

Истинският закон

На всяко човешко същество на Земята е възложена важна балансираща функция във Вселената. Всеки от тях получава подаръци и мотивация, за да може да се развива и да дава плодове в работата си. Някои се подчиняват на волята ми, търсят се да изпълнят заповедите и да увековечат доброто на земята. Те засаждат любов и милост, събирайки здраве, щастие и успех. Това се случва в замяна на неговите творби и колкото повече го прави, толкова по-голям ще бъде кредитът му за мен.

Има няколко други, които не казват мнозинството, което е самодостатъчно, гордо и егоистично. Външно те проповядват мир, но вътре има гладни лъвове. Те засаждат тръни и събират бури, огън и отчаяние. Те използват книга на живота, която се стреми да наруши живота на праведните. Ето, в моя ден ще ги отделя от стадото си и ще остане само сламка. Човекът е солта на земята и ако загуби вкуса на това, което си струва? Какво може да предложи човек в замяна на душата си? Гледайте творбите си и вземете нов курс, докато имате време.

Въпросът за жертвоприношенията

Няма смисъл да предлагате жертви и да оставате със същите нагласи. Искам промяна в живота, при която бездомните овце разпознават бездната, в която са се потопили и обещава никога повече да не съгрешава. Ако решите така, със сигурност ще имате моята благословия, защита и прошка.

Винаги ме помни

Винаги си спомняй за мен, твоя създател, преди злото да те удари и вече не ме разпознаваш. Аз винаги ще бъда с вас, в земен и вечен живот. Ще знам как да разбера вашите провали и да ви благословя, защото Аз съм вашият Бог. Вярвайте повече в силите на доброто.

КРАЙ

www.ingramcontent.com/pod-product-compliance
Lightning Source LLC
LaVergne TN
LVHW011955070526
838202LV00054B/4930